FRANCISCO DE ASSIS

Dados Internacionais de Catalogação na Publicação (CIP)
(Câmara Brasileira do Livro, SP, Brasil)

Leluia, Vogran
   Francisco de Assis : história, contos e lendas /
Frei Vogran Leluia, Renata Bohomoletz. – Petrópolis, RJ :
Vozes, 2019.
   Bibliografia.

   2ª reimpressão, 2025.

   ISBN 978-85-326-5961-3

   1. Francisco de Assis, Santo, 1181 ou 2-1226
2. Santos cristãos – Biografia I. Título.

18-20376   CDD-282.092

Índices para catálogo sistemático:
1. Santos : Igreja Católica : Biografia e obra 282.092

Cibele Maria Dias – Bibliotecária – CRB-8/9427

FREI VOGRAN LELUIA • RENATA BOHOMOLETZ

FRANCISCO DE ASSIS

História, contos e lendas

Petrópolis

© 2019, Editora Vozes Ltda.
Rua Frei Luís, 100
25689-900 Petrópolis, RJ
www.vozes.com.br
Brasil

Todos os direitos reservados. Nenhuma parte desta obra poderá ser reproduzida ou transmitida por qualquer forma e/ou quaisquer meios (eletrônico ou mecânico, incluindo fotocópia e gravação) ou arquivada em qualquer sistema ou banco de dados sem permissão escrita da editora.

CONSELHO EDITORIAL

Diretor
Volney J. Berkenbrock

Editores
Aline dos Santos Carneiro
Edrian Josué Pasini
Marilac Loraine Oleniki
Welder Lancieri Marchini

Conselheiros
Elói Dionísio Piva
Francisco Morás
Teobaldo Heidemann
Thiago Alexandre Hayakawa

Secretário executivo
Leonardo A.R.T. dos Santos

PRODUÇÃO EDITORIAL
Anna Catharina Miranda
Eric Parrot
Jailson Scota
Marcelo Telles
Mirela de Oliveira
Natália França
Priscilla A.F. Alves
Rafael de Oliveira
Samuel Rezende
Verônica M. Guedes

Editoração: Maria da Conceição B. de Sousa
Diagramação: Sheilandre Desenv. Gráfico
Revisão gráfica: Fernando Sergio Olivetti da Rocha / Nivaldo S. Menezes
Capa: Idée Arte e Comunicação
Ilustração de capa: ©mammuth | iStock

ISBN 978-85-326-5961-3

Este livro foi composto e impresso pela Editora Vozes Ltda.

Sumário

Introdução, 7

I – Francisco, 9
  1 Nascimento, 9
  2 Primeiras batalhas: Idade Média, 12
    2.1 A primeira batalha: contra Perúgia, 16
    2.2 A segunda batalha: as Cruzadas, 19
  3 As batalhas de Francisco: primeiro ano de conversão, 22
  4 Vida santa e caminho ao céu, 27
    4.1 O fortalecimento da fé de Francisco, 27
    4.2 Os primeiros discípulos, 32
    4.3 A aprovação da Ordem de Francisco, 35
    4.4 Clara e as viagens de Francisco, 43
    4.5 A Quinta Cruzada: Francisco, o líder espiritual diplomata, 51
    4.6 O início da polarização da Ordem, 57
    4.7 A frustração de Francisco e sua angústia, 60
    4.8 Francisco renasce mais forte do que nunca, 64
    4.9 O forte fim de Francisco, 70

II – Contos e lendas de São Francisco de Assis, 73

Referências, 173

Introdução

São Francisco de Assis é muitíssimo conhecido no século XXI por ser o santo dos pobres e da natureza, ou, como se diz de modo politicamente correto: o santo da ecologia. O santo papa, escolhido em março de 2013 e adotando o nome Francisco, reforça ainda mais essa fé em um santo que oferece conforto aos necessitados, reflexão aos portadores de muitos conflitos e paz a todos os que a buscam através das mais belas e singelas criaturas de Deus.

Porém, ao estudarmos e conhecermos mais a fundo a vida de São Francisco, que chamaremos simplesmente de Francisco, nos deparamos com um homem corajoso que começou a lutar com armas, mas, após ser "visitado por Deus", mudou completamente sua história, passando a lutar bravamente pelo amor e compreensão entre os homens, ajuda e conforto aos doentes e necessitados, dedicando sua vida à união entre os povos.

Muito do que está disponível sobre a história de Francisco já se tornou de domínio público, contado principalmente pelo cinema, tão fascinante é sua história. Há versões que vão desde Hollywood nos anos de 1950 – em versão dirigida por Michael Curtiz, o mesmo que dirigiu o clássico *Casablanca* – até a mais poética – feita pelo cineasta italiano Franco Zeffirelli na década de 1970 –, passando pela controversa versão com o também controverso ator americano Mickey Rourke, em 1989. Esta versão também conta com a atriz inglesa Helen Bonham Carter, como Clara, e tem a famosa Banda Vangelis como responsável pela trilha sonora. Por fim, em 2005, a tevê italiana RAI fez uma superprodução sobre a vida de Francisco e Clara. Essa versão foi divulgada em todo o mundo.

Mas, além da televisão e do cinema, muitos livros foram escritos, descrevendo mais detalhadamente essa história tão encenada. Foi a partir dessas histórias que resolvemos ir um pouco mais além. Das longas conversas com Frei Vogran, nas quais ele contava passagens pouquíssimo conhecidas sobre Francisco e Clara – passagens até então conhecidas dentro dos conventos franciscanos – é que nos veio a ideia de publicar essas passagens.

O objetivo desta publicação é mostrar, mediante passagens pouco conhecidas pelos devotos de São Francisco de Assis, detalhes de sua vida que mostram suas forças, fraquezas e batalhas internas que o levaram à santidade. Essa riqueza de detalhes e ações de Francisco é algo que encanta todos aqueles que, de alguma maneira, o conhecem e o seguem, servindo de inspiração e esperança em dias tão turbulentos como os que vivemos.

I
Francisco

1 Nascimento

Um casal de boa condição financeira – afortunados – vivia em Assis no fim do século XII. Eram Pietro e Jeanne de Bernardone. Ela era francesa e, uma vez em Assis, na Itália, passou a ser chamada pelos vizinhos, após o nascimento de Francisco, de Pica.

Pietro de Bernardone, que possuía o mesmo nome de seu pai, era um comerciante bem-sucedido que fazia negócios na região de Provence, sul da França, e no Oriente. Desses lugares Pietro trazia grandes riquezas, principalmente finíssimos tecidos.

Jeanne (ou Pica) de Bernardone era uma mulher virtuosa. Ela e Pietro eram felizes, mas não tinham filhos de seu matrimônio, e isso pesava em seus corações. Alguns biógrafos de Francisco afirmam que Jeanne tinha um filho de um primeiro casamento, do qual havia ficado viúva. Nesta descrição consideramos que ela tinha esse filho, devido a uma fonte pesquisada. Também há registros de que um retrato pintado de Francisco, muito conhecido e usado como estampa, havia sido encomendado por seu sobrinho ao pintor de Florença Giovanni Gualteri. A seguir, a pintura.

Foto: internet.

Jeanne foi até à tumba dos apóstolos em Roma, assim como ao Santuário de São Miguel Arcanjo, no Monte Gargano, para suplicar humildemente que lhe fosse concedida a maternidade. Certo dia, Pietro estava se preparando para uma grande viagem à Terra Santa, onde ele tinha expectativa de grandes negócios. Sua esposa pediu para ir com ele, argumentando que para ela seria uma grande honra visitar os lugares sagrados para a redenção dos católicos. Pietro ficou perplexo e preocupado, uma vez que a casa deles ficaria sem a presença de ambos. Ele estava quase a ponto de dizer "Não" à esposa, mas, ao perceber sua fé ardente, concordou.

Jeanne tinha o coração transbordando de alegria. Chegando à Palestina, enquanto Pietro se engajava em seus negócios,

Jeanne começava a sua peregrinação. Sua fé a guiava mais do que as indicações dos guias pelos lugares sagrados. Ela estava em estado de êxtase. Primeiramente rezou no Santo Sepulcro, em Jerusalém, e depois foi até à Gruta da Natividade. Ela se entregava totalmente à Mãe de Jesus, durante suas orações, suplicando-lhe que fosse atendida no seu desejo de maternidade. Em seu estado de êxtase e entrega, Jeanne estava segura de que suas orações seriam atendidas.

De volta a Assis, ela sentia-se muito segura de que havia obtido sua graça, afirmando que sentia seu filho em seu ventre. E ela estava certa. Era inverno de 1181 e Jeanne se preparava para o nascimento de seu filho enquanto seu marido partia em uma nova viagem de negócios.

Tudo estava pronto para o nascimento, mas Jeanne já não era tão jovem. Em sua angústia, recorreu novamente às orações, e ao se lembrar da simplicidade em que se deu o nascimento de Cristo em Belém, resolveu reproduzir o cenário, ordenando aos criados que preparassem um estábulo para o nascimento de seu filho. E assim foi feito. Uma manjedoura de palha, uma vaca, um burro e alguns criados. Quando tudo estava pronto, Jeanne saiu do conforto de seu palacete para dar à luz no pequeno estábulo.

Na foto da p. 12, o estábulo onde Jeanne deu à luz a Francisco. É possível ver que as dimensões não eram muito confortáveis para o parto.

Após o nascimento, de volta à sua casa, estava tomada pela alegria da chegada do primogênito dos Bernardone. E como uma cristã fervorosa, Jeanne levou seu filho ainda bem pequeno para ser batizado na Catedral de São Rufino, a principal referência para os católicos de Assis no início do século XII.

Foto 1 Estábulo da residência dos Bernardone em sua configuração atual, considerado pelos católicos um local abençoado, onde nasceu São Francisco de Assis.

Foto: Renata Bohomoletz.

2 Primeiras batalhas: Idade Média

Quando Francisco nasceu, seu pai estava retornando de suas negociações comerciais em Provence, na França. Tamanha foi a alegria do vaidoso comerciante quando, chegando em casa, viu seu filho. Finalmente, o tão desejado herdeiro:

João Batista! Sim! Jeanne de Bernardone primeiramente batizou Francisco de João Batista. Como primeira ação da criação de seu nobre cavalheiro[1], Pietro mudou o nome do pequeno para Francisco. Pietro não queria que o nome de seu filho remontasse a um santo austero e eremita, mas como ele queria que a criança fosse criada: como um verdadeiro cavalheiro que guiasse as tropas como um verdadeiro líder, que se vestisse impecavelmente com os tecidos que ele já guardava em seus depósitos. Enfim, um nome que remontasse aos cavalheiros franceses, certos destes valores, com gosto aprimorado para a poesia e a elegância. Assim, Pietro de Bernardone batizou, ou rebatizou, seu filho de Francisco.

E foi sob essa influência paterna que Francisco cresceu. Aprendeu o latim e o italiano na Paróquia de São Jorge, mesmo tendo-a frequentado apenas durante três anos, conforme a educação precária e irregular da época, quando a maioria das pessoas era praticamente analfabeta. Assim, seu latim foi considerado precário, e alguns dos textos deixados por ele nessa língua são de difícil tradução.

Francisco cresceu sendo um galanteador, amante da beleza sob todas as formas e sedutor nas festas junto à juventude local. Seus amigos o seguiam e admiravam, pois era o rei das festas e dos banquetes de Assis.

---

1. Sabemos que há uma diferença entre cavaleiro e cavalheiro, o primeiro estando ligado às batalhas, às cavalarias. Já cavalheiros possuem a conotação social de deixar orgulhosa e encantada a sociedade. No entanto, como os jovens que serão muitas vezes destacados aqui, principalmente na figura de Francisco de Assis, consistem pela educação e pelo contexto da época a mesma figura, serão chamados de cavalheiros, mas representando a soma dos dois conceitos. À exceção de momentos em que são descritos aqueles que efetivamente são exclusivamente cavaleiros.

Mas Francisco tinha limites. Sua mãe também teve grande importância e influência em sua educação cristã. De Jeanne ele recebeu sólidos princípios religiosos e morais; porém isso não o impedia de ser um galanteador e sedutor.

Um fato ocorrido em sua juventude ilustra bem as influências de Pietro e de Jeanne em sua criação. Seu pai gostava de testar as aptidões comerciais que ensinava ao filho; às vezes o fazia ir negociar em Foligno, próximo a Assis. Certa vez deixou-o sozinho em sua loja de tecidos, em Assis. Enquanto fazia uma venda, um homem muito pobre entrou na loja e pediu esmola, em nome de Jesus. A primeira reação de Francisco foi expulsar o homem. Mas em seguida, tomado de grande remorso, diz para si mesmo: "Se ele tivesse me pedido uma esmola em nome de um grande homem da Terra, certamente eu não teria recusado... Mas ele me pediu em nome de Jesus. Como eu podia ter recusado, e de maneira tão bruta?" Arrependido, correu atrás do pobre homem e lhe deu uma generosa esmola.

Francisco tinha alguns traços de personalidade – e até características físicas – que, somados à sua educação, o tornavam peculiar, especial! Ele era um homem pequeno, tinha 1,51m de altura. Apesar de ter sido criado e se tornado um cavalheiro, possuía uma personalidade forte! Em mais uma de suas histórias, além dos contos e lendas narrados neste livro, está a da reconstrução de São Damião. Seu irmão mais velho, filho do primeiro casamento de Jeanne, veio vê-lo em seu árduo trabalho, aproveitando para fazer piada e tentando irritá-lo. Mas sem sucesso. Apesar de seu gênio ser forte, Francisco tinha grande presença de espírito. E assim se deu o diálogo entre os dois: "Francisco, soube que estão buscando trabalhadores para algumas construções em Assis, não te interessa?" Ele respondeu: "Não, obrigado; estou bem aqui. Jesus paga melhor!"

Foto 2 Vitral da loja onde a Família Bernardone comercializava seus tecidos, ilustrando o episódio de Francisco com o pobre homem que lhe pede esmola.

Foto: Renata Bohomoletz.

Cavalheiro criado, Francisco parte para suas batalhas – batalhas de sangue da Idade Média. Mas para entendermos suas primeiras batalhas é preciso que as descrevamos brevemente. Afinal, as batalhas de sangue e o cenário da época na Itália são o contexto da conversão de Francisco, que o humanizou e santificou.

Ele viveu em uma época marcada por dois grandes momentos da história: (1) os conflitos entre a Igreja, os imperadores e os senhores feudais pelo controle político e econômico da Europa e (2) as Cruzadas. A primeira batalha de Francisco aconteceu na luta pelo poder na região da Úmbria.

As Cruzadas tinham como missão religiosa a recuperação da Terra Santa, com promessas para os cristãos que dela participassem de uma recompensa espiritual nesta e na outra vida. Mas acabaram praticando massacres e pilhagens. Chegou-se a propor tréguas nas disputas entre a Igreja e os imperadores pelo poder político e econômico no Oriente Médio. Por fim, havia a esperança entre os cristãos de que as Cruzadas garantiriam as sonhadas viagens à Terra Santa.

2.1 A primeira batalha: contra Perúgia

Francisco partiu para sua primeira batalha em 1202, aos 19 anos. Ela foi consequência da guerra entre os senhores feudais da época. Após a morte do Imperador Henrique II – imperador romano-germânico – o povo se sentiu aliviado, pois havia conquistado sua liberdade pelas disputas entre os vassalos e os senhores feudais, sendo que os chamados vassalos constituíam a população pobre e analfabeta.

A juventude de Assis foi tomada por essa "revolução" pilhando castelos no Monte Subásio (monte sob o qual a cidade cresceu), dando-se como vingada das injustiças, humilhações e servidão dos vassalos – muitos desses jovens eram vassalos. Também compunha essa revolucionária juventude a emergente classe média, composta principalmente por comerciantes locais.

Assim, a burguesia de Assis, por intermédio de seus jovens guerreiros e vassalos vingadores, constituiu um forte governo na comuna. Seus ataques não se limitavam à Roca Maggiore (fortaleza construída pelos imperadores), em Assis, mas se transformaram em grande vingança contra os aristocratas e os senhores feudais. Os que conseguiram fugir foram buscar exílio em Perúgia, comuna a cerca de 20km de distância e uma de suas maiores rivais nas batalhas feudais da época!

Tudo parecia calmo em Assis quando, em 1202, os nobres da cidade se uniram aos nobres de Perúgia. Apesar do aparente sossego, o cavalheiro Francisco e seus amigos desejavam uma batalha! Assim, seguindo os rituais da época, que incluía vigília e bênção de São Jorge e dos arcanjos na Igreja de São Jorge, eles montaram em seus cavalos e se juntaram aos sapateiros, açougueiros, tabeliões... seguindo para a batalha em Perúgia.

Porém, após duros combates e muito derramamento de sangue, os nobres de Assis se renderam, assumindo sua derrota. O restante da tropa retornou a Assis. Mas, se não bastassem as baixas e a derrota, muitos dos que lutaram não puderam retornar às suas casas, pois foram feitos prisioneiros. E entre eles estava Francisco. Ele sofria mais do que seus companheiros de prisão, pois era mais frágil fisicamente. No entanto, não esmorecia. O que se conta é que Francisco teve a alma fortalecida e inundada pela caridade que praticava com seus companheiros, ganhando grande afeição daqueles que dividiam com ele o sofrimento da prisão.

Não se sabe exatamente em que consistia a caridade e a bondade de Francisco – mesmo as mais modernas pesquisas sobre a vida do santo não puderam descobrir. A única coisa que se sabe é que ele passou um ano naquela prisão. O mais perto que pude chegar foi no relato de dois filmes sobre Francisco, nos quais ele aparece compartilhando trechos do Evangelho[2]

---

2. Na época de Francisco, e por muitos anos da Idade Média, bíblias eram extremamente caras; somente os muito abastados poderiam possuí-las. Além de ter um mínimo de alfabetização, privilégio de muito poucos, era de altíssimo custo sua produção artesanal.

que ele havia trazido consigo. Portanto, mesmo não sabendo quais eram exatamente as suas práticas de caridade, há uma licença poética usada algumas vezes cinematograficamente e um registro em uma de suas biografias de que em Perúgia sua caridade começou a aflorar com ações generosas aos companheiros de prisão.

Foi assim que os primeiros sinais da conversão de Francisco – que ainda enfrentará mais uma batalha – tiveram início. É importante ressaltar que o processo de mudança e conversão de Francisco não foi rápido; afinal, toda mudança que é muito rápida não é sólida. E assim foi a de Francisco: lenta, mas sólida! Ele mesmo dizia: "Comece pelo que é necessário, depois faça o que é possível e logo estará fazendo o impossível".

A conversão sólida e contínua de Francisco também é refletida pelo compositor escocês Donovan (que chegou a trabalhar com os Beatles no final da década de 1960) para o poético *Irmão Sol, Irmã Lua*, em 1972. Destacamos *Little Church*, ou pequena Igreja:

> Se você quer
> Seu sonho realizado
> Tome seu tempo, vá devagar
> Faça coisas pequenas, mas faça-as bem
> Trabalho sincero cresce puro
> Se você quer viver sua vida livre
> Tome seu tempo, vá devagar
> Faça pequenas coisas, mas faça-as bem
> Trabalho sincero cresce puro
> Dia a dia, pedra a pedra
> Construa seu segredo devagar
> Dia a dia, você crescerá também
> E conhecerá a glória celeste

Voltando à prisão de Francisco em Perúgia, enquanto seu corpo adoecia, sua alma engrandecia. Depois de um ano, Francisco é libertado e retorna à sua casa, após o pagamento de seu pai por sua libertação – prática comum entre as famílias ricas dos jovens que lutaram. Porém, Francisco estava muito doente, com malária[3]. Os cuidados de sua mãe, sua juventude e sua fé, que ia se fortificando, fizeram com que o jovem se recuperasse. Mas a malária deixaria sequelas, inicialmente atrapalhando seus planos.

2.2 A segunda batalha: as Cruzadas

Durante sua recuperação na casa dos pais em Assis, Francisco começou a construir as bases de sua conversão, mesmo ainda não estando completamente consciente das mesmas. Ainda convalescente da malária, refugiou-se nos campos ao redor de Assis, observando a natureza. Em um primeiro momento, ainda apático, Francisco já exercitava o silêncio necessário à meditação, fundamental durante a sua conversão, perpetuada até a morte.

Em estado de contemplação e não se sentindo tão confortável nas festas de Assis, Francisco ainda não tinha total consciência das transformações que estavam se passando em sua vida. E assim, buscava o que ainda acreditava ser o equilíbrio de sua vida anterior. Ele já contava com 24 anos, quando veio o chamado do Papa Inocêncio III[4] para a Quarta Cruzada. Em

---

3. A malária, apesar de estar mais associada a países de clima tropical, também atacou a Europa na Idade Média, onde seu transmissor se proliferava a partir de pântanos e poços nos subúrbios de grandes centros, incluindo os italianos.

4. O Papa Inocêncio III será muito importante para Francisco na consolidação da sua ordem, alguns anos mais adiante. Além dessa importância futura na vida de Francisco, Inocêncio III foi o papa que colocou luz e criticou a vida desregrada do clero na época.

1205, Walter de Brienne, um comandante francês do exército papal, em sua passagem pela Itália recrutava jovens cavalheiros para batalhas em Constantinopla e Jerusalém. Eram as Cruzadas, e Francisco ainda via nelas o seu grande sonho de se tornar um herói cavalheiro.

Francisco então se preparou com roupas e armaduras caras, como um herói das Cruzadas. Na véspera de sua partida teve um sonho. Nele um homem o guiava em direção a um castelo cheio de armaduras, cavalheiros, selas, escudos e lanças. Ele interpretou esse sonho como uma aprovação divina de suas aspirações. Mesmo em processo inconsciente de desenvolvimento de novos valores e conversão, Francisco ainda levava consigo o mesmo lema dos cavaleiros da época: "Minha alma a Deus, minha vida ao rei, meu coração à dama e honra para mim". E seguiu viagem em direção às Cruzadas.

Durante sua nova jornada ainda convalescia das sequelas da malária, que o acompanharia até o fim da vida. Teve febre e sudorese. No entanto, ainda no início da viagem, próximo a Spoleto – cerca de 36km de Perúgia –, teve sua primeira experiência – considerada uma das mais importantes – que motivou todas as seguintes em seu processo de conversão, cuja base já começava a ser preparada em seu inconsciente. Essa experiência trouxe à sua consciência o seu processo de conversão. Durante uma noite estrelada, enquanto seus companheiros de batalha dormiam, Francisco ouviu uma voz que lhe dizia, ou melhor, perguntava: "Quem queres servir: ao servo ou ao Senhor?" Ele respondeu: "Ao Senhor". Então a voz replicou: "Então, por que abandonas o Senhor para servir ao servo?" Francisco, certo de que falava com Deus, perguntou: "Senhor, o que queres que eu faça?" E a voz respondeu: "Volte para Assis, aqui não é o teu caminho". Porém, também há na literatura um outro registro, de que aquela voz respondeu: "Volta para casa e saberás o que fazer. Deves interpretar de outra maneira a visão que tiveste". A visão seria o sonho que Francisco teve na véspera de sua partida para lutar nas Cruzadas.

Quaisquer que tenham sido as palavras da revelação a Francisco, o seu sentido é o mesmo: Por que serves ao servo? Volta para casa, este não é o teu caminho. Serve ao Senhor! Muitos, e não só na literatura, dizem que este foi um sonho de Francisco. Mas, pesquisas e literatura mais aprofundadas mostram que Francisco ouviu sim uma voz. Depois de convertido, a partir de uma conversa com seus irmãos, os outros companheiros concluem que aquela foi uma maneira que Deus escolheu para tocá-lo.

Obedecendo a Deus, seja qual for a forma usada, Francisco retornou a Assis. Ele se sentia muito frustrado; afinal, aqueles eram os sonhos que tinha, que conhecia até então. O que deveria fazer? Um vazio muito grande tomava conta de Francisco. Mas a frase "Este não é o teu caminho" não lhe saía da cabeça.

Foto 3 Estátua à frente da Basílica de São Francisco, em Assis, que representa o forte impacto de seu contato divino para o início de sua missão e conversão.

Foto: Renata Bohomoletz.

3 As batalhas de Francisco: primeiro ano de conversão

Ao retornar a Assis, Francisco enfrentou a mais difícil de suas batalhas: o início de sua conversão. Já no retorno para sua terra natal recebeu zombaria de seus conterrâneos. Apesar de sua escolha em servir ao Senhor e não ao servo, ainda se sentia deprimido e com muita insegurança. Mesmo tendo sido a escolha correta para ele e para tantos que o seguiram, conforme sua vida lhe provou, estava enfrentando o início da fase mais profunda de sua radical mudança, de sua conversão, que nunca é fácil para ninguém.

Francisco encontrava conforto nos braços e orações de sua mãe e, até então, na paciência de seu pai, voltando a frequentar as festas com seus amigos. Mas era notório que ele já não era o mesmo. Durante os encontros com os amigos Francisco já tinha a costumeira postura de galanteador; pouco ou nada falava e se despedia cedo. As reflexões o absorviam; as riquezas já não tinham a mesma importância; sentia-se apaixonado por uma dama especial. Um dia, após deixar uma das festas sem se despedir, parou defronte a uma casa simplesmente para contemplar a vida. Um conhecido passou e perguntou o que ele fazia, se estava espreitando alguma dama, ao que ele respondeu afirmativamente, mas que era uma dama especial, a Dama Pobreza, com a qual faria, depois de algum tempo, seus votos eternos.

Mas outros acontecimentos importantes nesse início de conversão foram fundamentais para ele. Junto a seus amigos, Francisco sempre teve o mesmo medo de todos os habitantes das comunas; ou seja, o medo dos leprosos que viviam afastados das cidades, condenados. Certo dia, ao voltar de uma tarefa dada por seu pai ao redor de Assis, Francisco se deparou com um leproso. Sua primeira reação foi de susto e medo. Mas ele já não era o mesmo; em determinado momento enxergou Jesus naquela pobre criatura, a quem já dera a resposta de servir. Cheio de emoção, confuso – mas não sobre a sua escolha –, beijou o leproso. E quando voltou a si, como de um transe, não conseguiu mais ver "um leproso". Interpretou que aquele era um sinal de Jesus, que viera ter com ele. Era um dos sinais que Francisco precisava para seguir em frente. E assim o fez.

Um dos mais importantes sinais, a revelação de Deus para Francisco, se deu um pouco mais tarde. Certo dia, ele retornava de uma negociação em Foligno, em nome de seu pai. Cansado, já caminhando por quilômetros sob o sol forte, parou sob a sombra das ruínas da antiga Igreja de São Damião. Descansando, se pôs a contemplar uma cruz, de grande porte, que havia escapado do desgaste pelo abandono. Era, e ainda é, uma imagem impactante. Apesar da degradação da igreja, a imagem permanecia intacta. Fora pintada em uma tela de linho, emoldurada, sob forte influência bizantina, em conformidade com aquela época. Nessa imagem, os olhos de Cristo fitavam com doçura quem o contemplava.

E Francisco o contemplou, contemplou com sua fé renovada e, extasiado, recebeu a mais importante mensagem de Jesus, descrita de modo unânime entre aqueles que de alguma forma buscam entender e contar sua vida: "Francisco, vai e reconstrói a minha Igreja".

Gostaria de, nesse ponto, fazer uma reflexão. Em um primeiro momento, principalmente do ponto de vista das artes visuais, desde pinturas da época até os filmes mais recentes, costumamos interpretar essa mensagem como o pedido da reconstrução da Igreja de São Damião, assim como a construção de outras igrejas na região de Assis. Mas, se pararmos para refletir um pouco mais, a reconstrução que Deus pede, naquela pintura de Jesus, não são de tijolos, mas dos pilares, e não os físicos. Ele pede a Francisco que restaure os valores de sua Igreja. Naquela época era necessário que a Igreja se voltasse mais para a grande quantidade de necessitados, analfabetos, famintos, perdidos no meio de tantas guerras e disputas. E Francisco o fez, mostrando que compreendeu como reconstrução e construção de Igrejas uma consequência da reconstrução dos valores, abraçando e confortando tantos necessitados, física e espiritualmente, independente de sua classe social, através da Ordem que criou para esse fim.

Logo após receber a mensagem de Jesus, Francisco fez o primeiro registro de uma oração: "Supremo e Glorioso Deus, ilumina as trevas do meu coração; e dai-me a verdadeira fé, esperança segura e perfeita caridade, sentido e conhecimento, Senhor; para que eu possa executar a tua vontade, sagrada e verdadeira".

Foto 4 Cruz de São Damião, instalada na Basílica de Santa Clara, em Assis.

Foto: internet.

O primeiro ano de conversão de Francisco, 1205, coincidiu com a sua segunda batalha, as Cruzadas, com a ocorrência de importantes acontecimentos. Como vimos, e apesar disso, sua conversão estava em processo de consolidação; passo a passo, lenta e sólida, como deve ser! Mas no início de sua conversão, a maior dificuldade de Francisco não era reconstruir a Igreja, mas seu pai, Pietro de Bernardone. Francisco ousadamente vendeu tecidos de seu pai, seu cavalo e até as roupas que usava, entregando ao pároco de São Damião o dinheiro para que comprasse óleo necessário para que não se apagasse a luz no altar da igreja, mesmo em ruínas. Temeroso, por conhecer a forte personalidade do pai de Francisco, aquele pároco contou-lhe o que havia acontecido. Pietro de Bernardone ficou bastante assustado com a atitude do filho e foi buscar conselhos na própria comuna de Assis. Foi aconselhado a aprisionar Francisco em sua própria casa para que esse não lhe causasse maiores prejuízos. E assim o fez. Devido à pequena estatura de Francisco, Pietro o aprisionou em um pequeno vão, com uma abertura na parede. O local só podia ser aberto para que sua mãe levasse sopa e um pedaço de pão. Segundo registros, Francisco ficou enclausurado de um a dois meses. Pietro não desejava mal ao seu filho; mas o contrário. Ao reencontrar seu filho, encheu-se de piedade por ele e pelas condições em que estava. Porém, seu apego desmedido aos bens materiais o impediram de buscar conselhos, para que seu filho voltasse a ter uma vida como a dos demais filhos de comerciantes.

Em uma viagem de emergência que Pietro precisou fazer, Jeanne, a mãe de Francisco, o libertou. Sentindo-se acuado pela reação de seu pai e pelas humilhações públicas, refugiou-se em uma caverna fora da cidade.

Fotos 5 e 6 Local onde Pietro de Bernardone enclausurou Francisco no seu primeiro ano de conversão. Pequeno buraco na parede onde Francisco era enclausurado e acorrentado para não dar prejuízos ao seu pai, usando seus recursos para socorrer os mais necessitados.

Fotos: Renata Bohomoletz.

Ao retornar, Pietro se deu conta da fuga de Francisco, encontrando-o nas ruínas de São Damião. Mas, antes do desfecho – reembolso a Pietro do dinheiro doado à Igreja de São Damião – tão reportado como sendo um dos momentos mais importantes da conversão de Francisco, este diz a seu pai: "Eu não tenho medo de sua cólera, me bata, me aprisione, faz de mim o que o senhor quiser. Eu sofrerei feliz, pois sofrerei pelo amor de Jesus, não importa a pena à qual o senhor me submeter". A partir desse momento, Pietro de Bernardone, Francisco e o bispo de Assis, Guido, protagonizam o que já citei como um dos momentos mais importantes da conversão de Francisco, e tantas vezes encenado em peças e no cinema como o ápice: Pietro foi buscar a resolução dos problemas causados por Francisco junto ao Bispo Guido, já que os conselhos da comuna não surtiram efeito. Guido foi muito claro com ambos: a Pietro, diz que não há nada que possa fazer para tirar Francisco de seu caminho junto a Jesus; e a Francisco, que ele seguisse em sua fé, mas sem extravagâncias. Nesse momento, Francisco se despe de todas as suas vestes, entrega-as ao pai, junto com um saco de moedas, e lhe diz que a partir daquele momento Deus seria seu único Pai.

4 Vida santa e caminho ao céu

4.1 *O fortalecimento da fé de Francisco*

No caminho de sua missão, consolidação de fé e conquista de santidade, Francisco ainda sofria. Era início de 1206, e o inverno rigoroso e úmido tornavam difíceis para Francisco até mesmo fazer suas preces na pequena caverna em que habitava, nos arredores de Assis. Há, ainda hoje, relatos de que ele chegava a chorar de medo.

Francisco também sentia remorso pelo que ocorrera em praça pública, Santa Maria Maggiore, entre ele e seu pai. Mas tinha consciência de que não negar a família e o dinheiro, usando-o quando fosse conveniente, seria uma atitude vil. Francisco nada tinha contra o dinheiro e os bens de seu pai, o que ele não suportava mais era a atitude de Pietro de Bernardone em relação às posses. A época em que Francisco viveu era o início do uso do dinheiro como prova de *status* e posição social. E isso o incomodava.

Nesse ponto da vida de Francisco geralmente há um salto em filmes e até mesmo na literatura, quando ele já aparece usando uma túnica, muito pobre e surrada, e atendendo aos mais necessitados e leprosos. Mas há um espaço de tempo que descreve a continuidade e fortalecimento de sua conversão.

Na primavera de 1206, o Bispo Guido dá a Francisco uma túnica velha usada pelos eremitas e o aconselha a ir a Roma rezar na Basílica de São Pedro. Ele aceita o conselho. Ao retornar a Assis, doa aos pedintes doentes, que estavam do lado de fora da Basílica, o dinheiro que lhe restara. Assim, em seu retorno a Assis, ele se encontrava na mesma condição daquelas pessoas que pretendia ajudar, e se uniu aos leprosos, portadores de herpes e outras doenças de pele degenerativas, oriundas das guerras no Oriente, fazendo com que fossem expulsos das cidades em que viviam. Perante a lei, esses doentes não tinham direito algum, sendo obrigados a andar com um sino ou equivalente para alertar os habitantes das cidades de sua proximidade.

Francisco se uniu a eles, passando a lhes dispensar cuidados. E com base em uma forte crença bíblica medieval de que se dedicar aos cuidados dos doentes significava a total conversão do indivíduo, Francisco se consolida em sua fé e conversão. Quase simultaneamente, e de maneira mais dedicada, ele também retomou a reconstrução de algumas pequenas igrejas próximas a Assis. Mas ele sabia que a reconstrução da Igreja que Jesus lhe pedia era mais do que aquele trabalho manual, mas sim o que ele fazia junto aos doentes e reconfortando os mais necessitados.

Apesar de muito se associar a reconstrução de Francisco da Igreja de São Damião, que mais tarde abrigaria Clara e as irmãs clarissas, Francisco também trabalhou na reconstrução de duas outras pequenas igrejas ao redor de Assis: São Pedro de la Spina e aquela que o abrigaria no fim de sua vida, Santa Maria della Porziuncula. Durante esse período, Francisco habitava em uma cabana ou na caverna onde já havia se escondido. Futuros relatos deram conta de que ele orava como um eremita, dizendo que havia deixado o mundo. Para aquela época, deixar o mundo significava deixar seus valores, negócios, festejos e abraçar a natureza, totalmente provida por Deus. E isso também era considerado, para os eremitas, sinal de conversão e entrega total a Deus.

Ainda na descrição da vida de Francisco, totalmente convertido e abraçado a seus novos valores, temos suas tão retratadas vestes, que mais tarde também viriam a ser as vestes de sua Ordem, guardando as principais características até hoje. Sua primeira veste, que havia pertencido a um eremita, foi doada pelo Bispo Guido. Mas, além dos valores e do hábito, Francisco também incorporou em sua vida muitos costumes dos eremitas. Ele vivia isolado, mas não dava as costas ao mundo. Assim como os eremitas, ele atuava como pregador ambulante, levando palavras de conforto. A essas qualidades de eremita, Francisco também somava seus desejos de cuidar dos doentes e da reconstrução de igrejas.

Sobre suas tarefas como pregador, Francisco diria mais tarde que elas consistiam em edificar as pessoas, falando com brevidade sobre vícios e virtudes, pois o Senhor foi breve em suas palavras na Terra. Seus discursos não tinham nada de filosofia ou teologia, e não eram teóricos. Francisco falava em latim medieval e dialeto italiano. Por ter uma fala simples, ele falava aos simples, ao povo comum. Pregava a paz entre os homens, assim como o perdão, fazendo uso, nesse caso, da oração do Pai-nosso. Seu discurso refletia quem ele era: alguém que não julgava, que perdoava, que aceitava sem nenhum preconceito ou restrição aqueles que o buscavam.

Francisco falava fluentemente francês, por causa da educação que recebeu de sua mãe. Quando se exaltava em suas pregações, "puxando a orelha do povo" quanto a vícios e demais temas como inversão de valores, acabava pregando em francês. Além de usar vestimenta de eremita, ele a marcou com a letra T (*Tau* em grego) nas costas, simbolizando que era um servidor dos pobres. Essa passou a ser, juntamente com o hábito, a marca de Francisco e dos frades franciscanos. Francisco também usava a letra *Tau* em suas cartas e a pintava em sua cela (como se chama até hoje o dormitório dos religiosos).

Em 1208 Francisco vivia com simplicidade e tranquilidade, através de esmolas, que compartilhava com os necessitados e doentes. Além disso, orava muito e se empenhava na reconstrução de igrejas. Devo confessar que isso me levou a compreender o verdadeiro significado da expressão "pobreza de espírito", vivida por Francisco, ou seja: total dependência da misericórdia de Deus para a sua sobrevivência, elegendo a Dama Pobreza para sua esposa. Também pude compreender mais profundamente esta passagem bíblica: "Bem-aventurados os pobres de coração, pois deles é o Reino dos Céus". Nos dias atuais a expressão "pobre de espírito" é usada de modo pejorativo, significando, além de outras coisas, alguém sem ambição ou desejo de possuir riqueza. Agora que compreendo melhor, e seguindo o exemplo de Francisco, vejo a importância de não julgar quem é "pobre de espírito" no conceito atual (e na verdade em nenhum sentido, contexto ou conceito), mas sim de respeitar quem o guarda em sentido espiritual. Entre 1206 e 1208 Francisco, em sua vida de oração, empenhou-se na recuperação das igrejas de São Damião, Santa Maria Maggiore e São Pedro. Mas também viajava para Gubbio, a fim de cuidar de leprosos que lá viviam, a 30km de Assis.

Logo no início de 1208, Francisco havia completado a reforma do que hoje se conhece como *Porziuncula*. No início era chamada de *Porzuele*, uma faixa de terra pertencente aos beneditinos que viviam no Monte Subásio, sob o qual cresceu a cidade de Assis.

Ao fim do mês de fevereiro, na *Porziuncula*, Francisco participou de uma missa. Naquele dia dizia o Evangelho: "Ide e proclamai a Boa-nova. O Reino de Deus está próximo, não levai ouro, prata ou cobre em seus cinturões, nem alforges[5] para as jornadas, nem duas túnicas, nem sandálias, nem bastão".

Após ouvir essa pregação, Francisco sentiu mais do que nunca que estava no caminho certo. Abandonou a segunda túnica que possuía e levava consigo, seu cajado e trocou seu cinto por uma corda (até hoje usada pelos franciscanos). Ele mostrava que, assim, não interpretava apenas o Evangelho, mas o vivia!

Francisco também abandonou o uso de sandálias, por mais simples que fossem. Somente voltaria a usá-las no inverno, depois de muita insistência daqueles que viviam em volta dele, mas que ainda não eram seus irmãos de Ordem. Também nessa época decidiu que as túnicas deveriam, além de muito simples, ter cor escura, como preto, marrom ou verde-escuro.

Ao assumir cada vez mais uma postura humilde, Francisco passou a representar um grupo que se opunha aos luxos da Igreja na época. Mas, pessoalmente, ele não fazia esse tipo de contestação. Mesmo quando foi incomodado por alguns clérigos, Francisco não abandonou a Igreja que, finalmente, o acolheu.

Até o mês de abril de 1208, Francisco continuou seus trabalhos, com orações, cuidados com os doentes e necessitados.

---

5. Bolsas levadas nas celas de cavalos e burros de carga para transportar objetos.

Ele escolhera ter como sua base – e no futuro a de seus irmãos – Santa Maria dos Anjos, ou Santa Maria Maggiore, a *porziuncule* (que significava pedaço de Deus), chamada mais tarde por ele e por seus irmãos de *Porziuncula*. Ao lado da igreja havia pequenas cavernas e tendas que serviam aos irmãos, e foi a base deles até a construção da Basílica de São Francisco, após dois anos de sua morte. Esse espaço e a pequena igreja reconstruída por Francisco podem ser chamados de Santa Maria Maggiore, *Porziuncula* ou Santa Maria dos Anjos – este último título é o usado atualmente.

Francisco pode ter seguido uma fé rígida, vivendo o Evangelho, adotando, ou, como ele mesmo dizia, casando-se com a Dama Pobreza, mas não condenava aqueles que viviam de maneira diferente. Mais tarde disse aos seus primeiros seguidores (Pedro, Bernardo e Giles): "Não desprezai e nem julgai aqueles que virdes bem-vestidos, com roupas finas e gozando das melhores iguarias e bebidas. Que cada um julgue a si próprio!" Francisco atribuía o julgamento única e exclusivamente a Deus, livrando-se de todo tipo de censura. Porém, vivia em humildade.

4.2 Os primeiros discípulos

Duas pessoas quiseram viver à maneira de Francisco: Bernardo de Quintavale – membro de uma família de comerciantes muito rica de Assis – e Pedro Catanio. Este era sacerdote. Talvez os leitores se lembrem deles do clássico *Irmão Sol, Irmã Lua*. Não é certo que eram amigos antes da conversão de Francisco. Apenas sabe-se que eram contemporâneos, moradores de Assis e de uma mesma classe social, mesmo sendo Bernardo comerciante e Pedro do clero. Logo que ambos foram estar com Francisco em abril de 1208, ficaram muito tocados com sua pregação, que era conhecida por ser muito carismática, e até "galanteadora", como sua própria personalidade.

A conversão de Bernardo e Pedro durou uma noite inteira, com a conclusão de Bernardo de que, se já possuía muito, e que todas suas posses vinham de Deus, já era hora de devolvê--las ao Senhor. Na manhã seguinte eles usaram de uma prática comum na Idade Média – e ainda usada nos dias de hoje de modo informal –, a chamada *sortes apostolorum*. Ela é retratada em alguns filmes sobre Francisco, mesmo que de maneira não tão exata. Consistia em abrir o Evangelho por três vezes. Se as leituras fossem semelhantes, concluía-se que se tratava de "mensagem divina", luz no caminho daqueles que buscavam. Conforme registros, as três mensagens a Pedro e Bernardo foram: "Ide, vendei tudo e dai aos pobres, e tereis os tesouros dos céus, depois ide e segui-me" – versículo no qual Jesus convida um homem rico a juntar-se aos seus discípulos. A segunda foi um conselho de Jesus para propagar o Reino de Deus: "Não levai coisa alguma na viagem: nem cajado, nem alforje, nem pão, nem dinheiro – nem mesmo uma segunda túnica". Era a mesma que havia sido tomada por Francisco na solidificação de sua fé. A terceira também retratava um ensinamento de Jesus: "Se algum de vós quer me seguir, que negue a si mesmo". E assim se consolidou a fé e os valores do trio, seguindo a fé já sólida de Francisco.

Mas, ainda faltava Giles, que compôs o primeiro grupo da jornada de Francisco. Ele buscou Francisco uma semana depois, na Festa de São Jorge, afirmando que não possuía bens, nem família, e que estava pronto para segui-lo. E assim se fez o primeiro grupo do que viria a ser no futuro a Ordem Franciscana.

Com esse grupo formado, uma nova atividade se uniu às tarefas de Francisco, que agora eram executadas pelo grupo: distribuir entre os necessitados o dinheiro obtido com a venda das posses de Bernardo. Muitos em Assis, principalmente dentro da Igreja, não viam essa ação com bons olhos. E um padre em particular, Silvestre, reclamou com Francisco. Disse que, quando vendeu algumas pedras para reconstrução de Santa Maria Maggiore, havia gastado pouco. E como agora eles estavam distribuindo dinheiro, exigia que fosse contemplado. A reação de Francisco foi surpreendente: ajoelhou-se diante do padre, tomou uma quantidade razoável de moedas da bolsa de Bernardo e lhe deu. O padre, tomando o dinheiro, se distanciou deles, aparentemente sem remorso algum. Aparentemente, pois ao fim do ano, quando Francisco já abrigava doze discípulos sob sua fé, o Padre Silvestre se dirigiu a ele. Movido por remorso, ajoelhou-se diante de Francisco. Porém, antes que concluísse seu pedido de desculpa, sem que nenhuma palavra fosse dita, Francisco beijou-lhe as mãos e deu boas-vindas àquele grupo.

É interessante pontuar que, mesmo após seu acordo com a Igreja em Roma – acontecido alguns anos depois –, transformando aquele grupo em Ordem religiosa, Francisco não quis ser ordenado sacerdote. Em sua fé, que era composta de rígidos valores de pobreza e caridade, também havia o forte componente da humildade, que não lhe permitia se sentir digno o suficiente para a celebração do altar.

Francisco também era livre de julgamentos. Em suas admoestações pedia que nenhum julgamento fosse feito sobre qualquer irmão.

Nesse período começa a se formar a Ordem que no futuro seria composta por milhares de seguidores em todo o mundo.

4.3 A aprovação da Ordem de Francisco

Verão de 1208: Francisco e seus companheiros se estabeleceram ao redor da Igreja de Santa Maria. Lá se encontram três locais importantes da história da vida de Francisco: a caverna onde viveu a maior parte do tempo (a não ser quando estava em viagem); as rosas que o aliviaram dos desejos da carne; e o local de sua morte.

Naquela época eles trocavam trabalhos braçais por alimento. Qualquer seguidor de Francisco que não trabalhasse pelo alimento, não participasse das orações comunitárias da tarde e não dispensava cuidado aos doentes era expulso do grupo. Francisco "liderava" pelo exemplo. Quando expulsos do grupo, os irmãos eram chamados por Francisco de Irmão Mosca ou Irmão Zangão, que não trabalha, mas se alimenta do trabalho das boas abelhas.

Até essa fase do grupo, Francisco só permitia que ele e seus companheiros fossem chamados de Penitentes de Assis. Por não estarem ligados a nenhum bispo, ou mesmo a Roma, não necessitavam de uma organização formalizada, ou regras e legislações. Eram simplesmente trabalhadores por comida, cuidadores de enfermos sem recursos e dedicados às orações. Mesmo assim, eram por muitos hostilizados, chamados de "idiotas", ou até mesmo de ladrões. Muitas vezes tiveram de correr e se abrigarem em portões de igrejas ou soleiras de casas, e ainda correndo o risco de serem expulsos ou agredidos. Mas a persuasão de Francisco e de seus irmãos começou a provar que eles efetivamente viviam o que pregavam, ganhando assim respeito e seguidores.

Ao voltar de uma viagem a Ancona, no nordeste da Itália, Francisco acolheu mais quatro irmãos. Fazia-se então necessário um local definitivo para orarem e dormirem. Foi quando os irmãos da Ordem dos Beneditinos doaram todo o local, a *porzincule*, incluindo a Igreja (de Santa Maria dos Anjos), a Francisco, que os pagava com uma cesta de peixes por ano. O Bispo Guido, de Assis, reconheceu seu ato e lhe deu um jarro de azeite, que durou muitos anos.

Em 1209, a comunidade de Francisco já contava com algumas dezenas, e ele mantinha-se convicto em não ter leis para a condução do grupo. A cartilha de Francisco era, como dizemos nos dias de hoje: "Liderar pelo exemplo". Ele gostava de cantarolar, em francês, sobre Jesus, mas de modo que todos pudessem entender. E às vezes brincava, imitando violinos com gravetos.

Na primavera de 1209, Francisco e seus companheiros começaram a se inquietar sobre a importância de terem uma aprovação espiritual para o grupo. E o Bispo Guido concordava, uma vez que na Idade Média, na mesma época de Francisco, havia muitos grupos oriundos da religião apostólica romana, mas que buscavam, muitas vezes, fomentar a dissidência ao proclamarem ideias não cristãs[6]. Não participavam de orações e poucos deles procuravam ajudar os mais necessitados. O bispo conhecia os valores do grupo de Francisco, inclusive perante a Igreja, com suas reconstruções. Francisco já chamava a atenção e a admiração, e o bispo não queria que isso se perdesse, aconselhando Francisco a buscar a aprovação para ele e seu grupo junto à Cúria Romana. O aconselhamento do Bispo Guido também foi com o intuito de que Francisco mostrasse à Igreja em Roma que ele e seu grupo não eram radicais e não pregavam doutrinas falsas.

---

6. Ou mesmo incitavam ideias cristãs extremistas, como pobreza extrema e pregação de outras doutrinas.

Francisco não buscava seguidores, mas aceitava aqueles que o buscavam, deixando-os livres de qualquer julgamento. Dessa forma, na primavera de 1209, Francisco partiu para Roma para obter a aprovação do Papa Inocêncio III para sua fraternidade. Uma audiência junto ao papa havia sido obtida pela grande influência do Bispo Guido.

Inocêncio III foi, e ainda é, um papa de grande importância na Igreja. Era conhecido por ser um líder nato, advogado, possuía habilidades diplomáticas e grande poder de persuasão. Também exerceu papel importante na expulsão de imperadores germânicos de terras italianas, assim como ao assumir influência política em grande parte da Europa, com exceção da França. Apesar de não aparentar calor humano ou compaixão, tinha dignidade e modéstia. Também cobrou dignidade do clero, fator importante em uma época na qual os votos religiosos não eram muito observados.

Antes do início da viagem, uma característica de Francisco foi posta sob a luz: além de não interferir nas missas, a humildade de Francisco não o permitia se colocar como um superior religioso. Ele sugeriu que a viagem tivesse um único líder que conduzisse o grupo a Roma, planejando rotas e paradas para descanso. Bernardo de Quintavale foi o escolhido por todos os irmãos. Aquele grupo era formado por doze irmãos.

Em abril de 1209 Francisco e seus companheiros chegaram ao destino, ao Palácio do Latrão, residência do papa naquela época. Francisco não havia preparado nenhum documento contendo regras para o grupo, como os beneditinos. Francisco escreveu em um pedaço de papel alguns textos do Evangelho – aqueles que ele, Bernardo e Pedro compartilharam – e as diretrizes básicas de trabalhos e orações, que os comprometia com Deus e o próximo.

Como não levaram nenhuma legislação, deixando os companheiros livres na conduta de seus trabalhos e orações, Roma não se sentiu segura o suficiente em um primeiro momento. Afinal, essa liberdade poderia levar ao desenvolvimento de um grupo herege, como os tantos que perturbavam a paz e o controle eclesiástico da época, pregando suas próprias doutrinas, nem sempre alinhadas com o que pregava a Igreja Romana.

Mas, por uma feliz coincidência, o Bispo Guido havia sido convocado para alguns sínodos em Roma, no mesmo período em que lá estavam Francisco e seus companheiros. Assim, antes de serem levados à presença do Papa Inocêncio III, o bispo providenciara uma reunião entre o grupo de Francisco e o Cardeal João Colonna, homem muito bondoso, mas também muito perspicaz. Essa perspicácia de João Colonna e a diplomacia de Inocêncio, assim como a inteligência de Francisco, seriam fundamentais para a aceitação da Ordem Franciscana. Porém, em um primeiro momento, o conselho de João era para que Francisco entrasse para algum mosteiro de uma Ordem qualquer ou se tornasse um eremita. Francisco recusou, pois estava muito convicto de seu caminho e de seu destino, crendo ser da vontade de Deus.

Ao perceber a humildade e a preocupação com a submissão de Francisco, assim como em obter a aprovação da Igreja, João fez a seguinte recomendação de Francisco para a corte papal:

> Se recusarmos o pedido desse pobre homem por ser demasiadamente jovem ou demasiadamente difícil, quando tudo o que ele pede é que lhe seja permitido levar uma vida segundo o Evangelho, devemos ter cuidado para não cometermos uma ofensa contra o próprio Evangelho de Cris-

to. Pois se alguém disser que existe algo de novidade, de irracional ou de execução impossível no desejo desse homem de viver de acordo com o Evangelho, será culpado de blasfêmia contra Cristo, o próprio autor do Evangelho[7].

No dia seguinte, Francisco encontrou Inocêncio III e fez seu *propositum*. Ele não tinha texto algum, falando improvisadamente sobre o que buscava. Francisco, além do seu objetivo de se firmar como Ordem, mas livre de rígidas regras e leis, também solicitou que pudesse pregar além da Diocese de Assis. Não houve uma aprovação imediata, mas o diálogo[8] que se seguiu entre Francisco e Inocêncio foi fundamental para obtê-la. Inocêncio questionou Francisco quanto a sua subsistência: "Vossa vida é muito rude e severa... caso desejardes formar uma congregação que nada possua neste mundo, como obtereis o necessário para a vida?" Francisco simplesmente respondeu ao papa: "Confio em meu Senhor Jesus Cristo... Ele não nos privará do necessário para nosso corpo quando precisarmos". Encerrando o diálogo e deixando ainda certo suspense sobre sua decisão, Inocêncio respondeu: "Mas a natureza humana é débil. Ide e orai ao Senhor com todas as forças, para que Ele vos mostre o que é melhor e mais benéfico. Depois voltai e dizei-me, que eu vos consentirei".

No dia seguinte, seguindo a mesma petição, Francisco obteve sua permissão para ter sua Ordem, desde que não pregasse nenhuma outra doutrina. Afinal, a Ordem não possuía setenta e três capítulos de regras, como os beneditinos.

---

7. Texto retirado do livro *Francisco de Assis, o santo relutante*, de Donald Spoto, importante fonte de referência cronológica da vida de Francisco.
8. Cf. nota anterior.

Mas, o que havia sido alinhado entre Francisco, Inocêncio e Guido? Francisco havia declinado da fortuna de sua família e também da clausura de um mosteiro. No entanto, teve humildade e disciplina para se submeter à aprovação da Igreja, o que demonstrava que, mesmo com a liberdade de leis e regras, nem ele nem seus companheiros tinham intenção de pregar doutrinas, ao contrário de vários grupos da época.

Quanto a Guido, ele perdera seu controle sobre Francisco, já que estava desvinculado da Diocese de Assis para pregar onde quisesse. Por sua vez, Inocêncio nos leva a pensar, num primeiro momento, muitas cenas de filmes, nas quais o rico e poderoso papa fica muito tocado com a humildade de Francisco. Não que essa comoção não tenha acontecido, mas havia um interesse dos dois lados: a Igreja de Roma e Francisco. Para Roma, era interessante ter uma Ordem que, mesmo sem regras, não buscava distorcer o Evangelho com doutrinas, ameaçando a estabilidade e até mesmo com a perda de fiéis. Além disso, a agora Ordem de Francisco, que não somente seguia, mas vivia o Evangelho, estava atraindo cada vez mais seguidores, que não se rebelavam. Ora, isso dava estabilidade à Igreja Romana, assim como propiciava o aumento de fiéis em um cenário de descontentamento do povo com as riquezas da Igreja, que a Ordem não tinha.

E para Francisco era a garantia de que podia pregar onde quisesse, seguir com suas obras junto aos necessitados, viver o Evangelho sem uma potencial perseguição da Igreja Romana, mas até com seu aval e proteção, mesmo sem dar à Ordem qualquer suporte financeiro, segundo a própria vontade de Francisco.

Porém, o grupo de Francisco agora possuía um *status*. Por isso, gozava de benefícios e de algumas obrigações que, mesmo poucas – segundo o próprio acordo de Francisco com a Igreja –, o incomodavam. Apesar do corte de cabelo com o topo da cabeça raspado nos remeter aos franciscanos e até nos dias de hoje chamarmos a ausência de cabelo (calvície) nessa região de "coroinha de São Francisco", na época era obrigatório para aqueles que gozavam de *status* na Igreja. O que incomodou Francisco – e essa não era sua vontade – seria se tornar padre, como também não obrigar seus seguidores a sê-lo: "Ninguém me mostre o que devo fazer, a não ser o Altíssimo". A própria vocação de Francisco nascera dele mesmo, não tendo qualquer influência externa; mas somente suas batalhas internas. Levasse o tempo que levasse, Francisco sabia que em algum momento a Igreja tomaria conta de sua Ordem. Felizmente, a Igreja também evolui.

Outro ponto determinado por Roma que incomodou Francisco foi dar um nome à sua Ordem. Desde o princípio Francisco e seus companheiros eram conhecidos como os "Pobrezinhos de Assis", ou os "Penitentes de Assis". Por isso, Francisco e seus irmãos escolheram este: "Ordem dos Irmãos Menores". Mas Roma não aceitou, intitulando-os como "Ordem dos Frades Menores", o que incomodou Francisco, pois trazia a ideia de imposição da formação de uma hierarquia, de um "clero", sendo que para Francisco no seu grupo todos eram como súditos de todos, servindo a Deus. Mas, humildemente, Francisco e seus irmãos aceitaram.

Há um episódio sobre Francisco que lhe é atribuído por ocasião de seu retorno de Roma, em 1209, por alguns autores, como Donald Spoto. Outros biógrafos, como Anacleto Jacovelli, atribuem esse episódio por ocasião de sua ida a Roma não para a validação de sua Ordem, mas, antes de sua partida para a evangelização, quando sonhava com as Cruzadas.

Independentemente de qual tenha sido a ocasião, é um dos episódios mais belos de sua vida. Francisco se encontrava entre as vilas Bevagna e Cannara. Parando por alguns instantes diante de uma árvore, pôde observar uma grande quantidade de pássaros pousando nela. Quando os viu, correu para junto deles, que não partiram em revoada. Já bem próximo, os saudou: "Que Deus vos dê a paz". E ali os pássaros continuaram. Foi quando Francisco lhes proferiu algumas palavras: "Meus irmãos pássaros, vocês devem louvar o Criador e amá-lo sempre. Ele lhes deu um lar na pureza do ar. E assim, embora vocês não plantem nem colham, Ele mesmo os protege e cuida, sem que vocês tenham a menor preocupação".

Os pássaros esticaram seus pescoços, abriram suas asas e ali permaneceram até que Francisco os abençoasse e os desse permissão de voar.

Há vários outros relatos sobre Francisco e os animais. Em um deles, Francisco pregava para um pequeno grupo, quando uma revoada de andorinhas passou a sobrevoar o local e a cantar, impedindo que os que ali estavam o ouvissem. Ele então pediu aos pássaros que se calassem até o fim da pregação. Dizem que Francisco foi atendido pelo grupo de andorinhas, que ali permaneceu em silêncio.

Os animais selvagens também eram próximos a Francisco. Há a lenda de Gubbio, onde Francisco teria acalmado um lobo faminto, pronto para atacá-lo quando ele seguia para essa cidade.

Também há relatos de que Francisco salvava os animais selvagens feridos, as ovelhas de virarem presas, e que era retribuído com o amor deles. Dizem que os animais sempre buscavam estar perto dele, que os protegia. Francisco chegava a tirar minhocas do meio das estradas para que não fossem esmagadas pelos que ali passassem apressados.

Foto 7 Jardins ao redor da Basílica de Santa Maria dos Anjos, Assis, com estátua representativa de Francisco com o lobo de Gubbio. Nesses jardins também crescem as únicas rosas do mundo sem espinhos, uma vez que Francisco teria se atirado sobre as rosas, até então com espinhos, para aliviar a angústia dos desejos do corpo. O chamado "Milagre das Rosas" dá nome ao jardim.

Foto: Renata Bohomoletz.

4.4 Clara e as viagens de Francisco

Depois de seu retorno de Roma, em 1209, os seguidores de Francisco já passavam de quarenta em Santa Maria dos Anjos. Em 1211 o grupo crescia com a chegada de artesãos, cavaleiros, ladrões, padres, professores... Francisco os recebia, pedindo que vivessem o Evangelho e deixassem para trás suas posses.

Precisamente em 1212 houve um episódio interessante que merece ser lembrado. Certo dia, ao voltar dos trabalhos por comida, o irmão que havia ficado para cuidar da *porziuncule*, contou com certo orgulho a Francisco que havia expulsado três ladrões que ali apareceram. Francisco não gostou da atitude do irmão. Pegou um pedaço de pão e um vinho bom que havia acabado de receber e ordenou àquele irmão para ir atrás dos ladrões, dizendo: "Serve a esses infelizes com humildade e bom humor, até que estejam satisfeitos. Somente depois diz para não matarem ou roubarem". Feito isso, o irmão retornou acompanhado dos três ladrões, que passaram a fazer parte da Ordem de Francisco.

Com o tempo – e há registros de que esse tempo não demorou para chegar – foi necessário, mesmo não sendo do gosto de Francisco, estabelecer algumas regras; como, por exemplo, para o acolhimento, a acomodação e a preparação dos recém--chegados às obrigações da Ordem. Isso se tornou necessário para que a Ordem crescesse organizada, mesmo que de forma verbal. Mas, para Francisco, o ponto-chave era que os frades imitassem Cristo, sendo que as regras permaneciam as mesmas: a pobreza, os trabalhos braçais para provento, os cuidados com o próximo, e as pregações para o bem das comunidades vizinhas ou longínquas – Francisco às vezes enviava seus irmãos mais fortes, preparados e de confiança para pregarem em locais mais distantes de Assis, como o Irmão Bernardo de Quintavalle.

Em 1212, Francisco continuava em seus trabalhos de pregação, oração e ajuda ao próximo em Assis. Nessa época as Cruzadas ainda exerciam grande influência nos jovens do Ocidente Europeu, e a alma de cavalheiro de Francisco ainda se mostrava viva. Porém, agora o objetivo de Francisco era outro; já estava mais do que claro que ele já não buscava as riquezas que as pilhagens das Cruzadas permitiam, muito menos lutar com armas em nome de Deus. Porém, estava empolgado diante da oportunidade de se aventurar pelo Evangelho. Mas não era somente a evangelização que ele buscava. Mais precisamente, buscava a paz e a conversão dos muçulmanos, e estava disposto a morrer por essa causa; ou seja, mostrava-se disposto a morrer por Cristo nas Cruzadas como mártir.

Mas, Francisco não partiu naquele primeiro momento. De imediato ele precisou se dedicar a Clara, nobre de grande beleza e encanto, mas de personalidade forte, apesar de ser mais conhecida por sua profunda humildade. Ela o escutara pregar por algumas vezes na praça em frente à sua casa, que fica muito próxima à Igreja de São Rufino.

Foto 8 Casa de Santa Clara.

Foto: Renata Bohomoletz.

Francisco a apoiou para que se libertasse de sua aristocrata família e austera sociedade, incluindo a Igreja, que não via com bons olhos que Clara se unisse ao grupo de Francisco. Na verdade, nem Francisco via com bons olhos uma irmã fazendo parte de seu grupo de seguidores. Mas ele a apoiou, ajudando-a em sua fuga. Provisoriamente a levou para uma clausura em Bastia, depois para um convento no Monte Subásio e finalmente ele a instalou em São Damião, que passou a ser o lar de Clara e, em futuro próximo, de outras seguidoras, incluindo mais duas irmãs e a própria mãe de Clara.

Clara foi a primeira mulher a escrever as regras da própria Ordem, as clarissas, sendo canonizada em 1255, dois anos após sua morte.

Francisco e Clara mantinham a discrição necessária em uma época em que a concubinagem do clero era gritante. Mas, a relação entre os dois era – de acordo com a maior parte dos biógrafos de Francisco – de um pai espiritual com sua filha. Francisco orava com Clara, assim como a orientava a se manter o mais independente possível em suas regras, diferentemente das demais ordens femininas. Mas, mesmo assim, Clara não conseguiu seguir uma vida tão livre como a dos frades franciscanos – era o que ela mais queria. Mas seguiu uma vida de clausura e ajuda aos pobres, de acordo com as possibilidades. Francisco solicitou que pelo menos dois frades cuidassem de Clara e de suas irmãs – que no futuro ficariam mundialmente conhecidas como irmãs clarissas –, garantindo-lhes segurança e proventos que viessem a faltar.

Resolvido o acolhimento de Clara, Francisco partiu para Roma para pedir a aprovação de Inocêncio III em sua missão de conversão e evangelização de muçulmanos nas Cruzadas. Depois de uma série de reuniões na corte papal, Francisco obteve permissão para aquela Cruzada Eclesiástica. Desprovido de armamentos, ele acreditava ser possível converter os sarracenos. Tenhamos em mente que ele desejava morrer como mártir.

Retornando a Assis, em 1212, Francisco deixou sua Ordem sob a responsabilidade de um dos seus primeiros seguidores, Pedro Catanio, e seguiu para Ancona, um dos primeiros pontos de entrada e partida da Itália para o Oriente Médio. Francisco embarcou com destino à Síria, mas, como era comum nessa região, as tempestades acabaram desviando a embarcação para a Costa da Dalmácia, a somente 150km da Itália. Francisco conseguiu retornar à Itália graças à ajuda de um homem que lhe doou quantidade generosa de pão e vinho, permitindo que ele se alimentasse e pudesse trocar parte da doação por uma passagem de volta.

Ao retornar à Santa Maria dos Anjos, durante o inverno de 1213, Francisco teve a mesma frustração de quando retornou frustrado de sua primeira tentativa de ida às Cruzadas. Alguns autores afirmam que isso levou Francisco a ter depressão. Na Quaresma daquele ano, temendo que sua tristeza atingisse os demais irmãos, isolou-se na ilha do Lago de Tremiseno. Lá se alimentava de pão e água da chuva. Ele buscava solidão para poder se juntar a Deus não somente com seu espírito, mas também com todo o corpo, conforme descreveu Celano, primeiro biógrafo de Francisco, que entrou para a Ordem em 1220. Celano ilustra muito bem o que vem a ser a força de Francisco e dos franciscanos: a meditação. "Tornou-se insensível aos ruídos externos, incorporando seus sentidos ao mais interno do ser; e, controlando o ímpeto de seu espírito, esvaziou-se completamente diante de Deus." Francisco retornou na Páscoa, bastante contente e animado.

Apesar de seu retorno com alma revigorada, Francisco agora vivia um dilema espiritual, se deveria partir novamente para as Cruzadas ou se deveria permanecer em meio a sua obra, em Assis e arredores. Então foi se aconselhar com o Irmão Silvestre, que havia optado por ser eremita, e com Clara. A resposta de ambos era de que Deus não havia chamado Francisco para si, mas para os outros.

Não me cabe julgar o desejo de Francisco: evangelizar e converter outra crença, outra cultura, propondo-se ao martírio. Mas é preciso analisar a história e a Igreja Católica Apostólica Romana no século XII, assim como o contexto árduo em que Francisco vivia, gritando ao mundo seu amor pelo Crucificado. A Igreja era uma instituição que buscava abertamente riquezas e poder, quase sem pudor. Já Francisco era aquele que viera reconstruir a Igreja, voltando a instituição para as necessidades dos homens, sem preconceito. E isso foi importante para a evolução da instituição Igreja, mesmo que a passos lentos, ao contrário de Francisco.

Na época em que Francisco resolvera partir, em 1213, os muçulmanos haviam sofrido uma dura derrota na Espanha e estavam se concentrando no norte da África. Francisco resolveu ir a pé até o sul da Espanha – assustado com as travessias marítimas – e de lá fazer uma pequena travessia de barco até Marrocos.

Entre os estudiosos da vida de Francisco há uma certeza: ele realmente estava disposto a morrer como mártir, uma vez que conhecia as leis islâmicas da época. Para elas, quem pregasse o cristianismo em terras muçulmanas, assim como sua tentativa de batismo e conversão, deveria ser executado.

Com seu disciplinado voto de pobreza, Francisco viajou a pé, descalço. Também não levou nada consigo, contando apenas com a boa vontade dos donos de pousadas ou dormindo ao relento. Como sua viagem ocorreu no verão, entre o sul da França e o norte da Itália, ele enfrentou chuvas, e sua frágil saúde se agravou. Debilitado, chegou à conclusão de que não chegaria a Marrocos. Já acostumado às frustrações com partidas em direção às Cruzadas, encontrou conforto na ideia de expandir sua Ordem, começando pela Espanha. Ainda tentou se confortar com a esperança de, no futuro, se dirigir à Terra Santa. Como ainda se recuperava, supervisionou na Espanha as viagens e instalações dos novos irmãos. Quando se sentiu forte o suficiente para retornar a Assis, pediu a Bernardo de Quintavalle para que fosse buscá-lo. Com a piora de seu estado de saúde na Espanha, em decorrência de sua malária e mais outras doenças que o atingiram na viagem, já em Assis ele foi obrigado a reduzir suas atividades, chegando a ficar confinado em sua cama de palha em Santa Maria dos Anjos, a *Porziuncula*. Mas Francisco não conseguia ficar parado, continuando, de alguma forma, a cuidar do próximo, como nos relata Celano: "Ele dava [seus remédios] aos outros doentes, embora precisasse mais do que eles. Tinha grande simpatia por todos os enfermos, e quando não conseguia aliviar a dor deles, oferecia palavras de compaixão. Comia nos dias de jejum para que os mais fracos não tivessem vergonha de comer, e não se incomodava em visitar os lugares públicos da cidade para conseguir um pouco de carne para os irmãos doentes".

    Francisco era muito austero nos seus jejuns, típicos da época medieval, com grande acento na penitência e na autonegação. No início da Ordem, Francisco cobrava a mesma austeridade de seus seguidores. Porém, eles não suportavam, passando a sofrer muito com gastrites e úlceras, além de subnutrição e desidratação. Francisco entendeu que cada corpo tinha necessidades únicas, e, preocupado com a saúde e o bem-estar de seus seguidores, permitiu que aqueles mais frágeis, que necessitassem de mais alimento, o tivessem. Mas pediu aos mais fortes para não tirarem proveito da situação; para que não cometessem o pecado da gula e que vivessem de acordo com o Evangelho, alimentado-se somente do necessário; nem mais, nem menos.

Porém, Francisco não se deu a esse direito, fazendo desenvolver em seu corpo já frágil uma importante úlcera, que o acompanhou, junto com órgãos já fragilizados, como baço e fígado, até o fim de seus dias. Mas, já no término de sua vida, Francisco lamentou-se profundamente por ter maltratado aquele que era um de seus irmãos mais importantes, o Irmão Corpo.

Mas não foi somente a seus companheiros que Francisco aconselhou a não abusarem nas abstinências e autonegações. Quando pregava, Francisco pedia aos que o escutavam que minimizassem as autopunições, pois, caso contrário, ficariam obcecados por seus pecados e defeitos, o que não traria o mais importante: esperança e fé, seguindo a missão de Jesus, a quem imitava.

Francisco também teve problemas de saúde dos 31 aos 44 anos, quando morreu, sendo equilibrado e paciente – tanto do lado psicológico quanto do espiritual –, pois tinha um ponto de referência fora de si: Jesus Cristo crucificado. Para ele, o Cristo Crucificado não era somente símbolo de obediência a Deus, mas por ter assumido o amor divino, sentindo na própria carne o sofrimento dos excluídos para sua salvação. Sendo esse o Evangelho que Francisco seguia, podia suportar tão bem o sofrimento de suas debilidades.

Assim como os budistas, Francisco não rejeitava o sofrimento como algo imerecido e ofensivo, mas para poder meditar sobre o amor de Deus e sua misericórdia. Como também viver à semelhança das cordas de um violão: nem muito esticadas para não arrebentarem nem muito afrouxadas que não possam emitir som.

Outro ponto que Francisco destacava em suas pregações, incomum naquela época[9], era a misericórdia divina, pois a vivenciara em sua conversão.

Segundo seus biógrafos, em 1216 Francisco se encontrava em Assis com a saúde bastante debilitada. Por isso o Bispo Guido o convidou para se recuperar em sua residência. E Francisco, devido ao seu estado, foi obrigado a aceitar, mesmo não sendo de seu agrado o luxo das instalações.

4.5 A Quinta Cruzada: Francisco, o líder espiritual diplomata

Mas, mesmo no repouso que se fazia necessário na casa do Bispo Guido, Francisco não parava. Recebia seus irmãos para preces e aconselhamento; afinal, eles já eram mais de três mil e Francisco queria que eles partissem em missão pelo mundo. Também recebia alguns frades para escrever a regra de sua Ordem, para torná-la definitiva junto a Roma. Na ocasião surgiram desavenças quanto à forma correta de levar a vida de completa pobreza. Segundo Celano, e retratado por Donald Spoto, fraco e sentado em uma cadeira, Francisco orientou que "o problema era simples, tudo deveria ser visto na situação

---

9. Na disputa descontrolada pelo poder, a autopunição para a absolvição dos pecados – esses sim em foco – era a mais usual.

adequada, e as meras realidades materiais deviam ser avaliadas somente na medida em que ajudassem as pessoas a se realizarem diante de Deus. As posses, acreditava ele, não preenchem essa função quando são abundantes a ponto de construir riqueza, o que somente resulta em distração da vida do espírito. Mas a pobreza aviltante poderia ser igualmente destrutiva, e daí sua ação em favor dos pobres".

O ano de 1217 chegara, e Francisco tomou algumas decisões por ocasião de Pentecostes, maio. Não era muito do agrado dele formar hierarquias, muito menos estabelecer normas para os irmãos que não fossem o trabalho, a oração e a assistência aos necessitados. Mas, com o grande crescimento de sua Ordem, diretrizes se faziam necessárias.

A partir de maio daquele ano de 1217 começaram a ser enviados frades para outras regiões da Itália e também para a Espanha, França, Portugal, Alemanha, Grécia, Terra Santa e Hungria. Infelizmente, isso não logrou êxito, pois eles tinham muita dificuldade com a língua local. Mas, com o tempo, finalmente a Ordem se consolidou mundialmente.

Mas naquele ano de 1217 ainda se faziam necessárias outras decisões, como a divisão da Ordem conforme províncias (eram onze), e cada uma com um responsável. Também houve a criação da figura do ministro-geral, cuja obrigação era servir e instruir os demais, para o andamento da Ordem em nível mundial. Portanto, também devia organizar os frades em províncias. Mas cada província também tinha o seu ministro, com as mesmas responsabilidades. Em um âmbito menor, estavam os guardiões, que cuidavam das igrejas, eremitérios e casas. Porém, Francisco não admitia que fossem usadas expressões como "superior", "prior", sempre lembrando o que havia dito o Senhor: "Vim para servir, não para ser servido".

No que tange ao acolhimento de candidatos, Francisco também percebeu que precisava atuar, mesmo mantendo sua orientação de não haver nenhum julgamento dos candidatos, pois tudo o que precisavam para entrar na Ordem era abandonar suas posses. Dessa forma, escreveu algumas diretrizes a serem seguidas pelos candidatos nos estágios, deixando-os sob a responsabilidade dos ministros, que também deveriam aconselhar os noviços espiritualmente no que fosse possível. Também pediu que os irmãos, sob nenhuma hipótese, fizessem mal uns aos outros.

No verão de 1217, Francisco, apesar dos apelos contrários e de suas condições físicas, foi a Florença para pedir ao Cardeal Hugolino uma licença para viajar até sua amada França. Mas Hugolino, ao ver o estado de Francisco, negou. Porém, desse encontro acabou nascendo uma grande amizade, e Hugolino foi nomeado por Roma para ser o guia da Ordem Franciscana. Apesar de a Igreja estar buscando naquele momento aumentar o acolhimento espiritual aos seus seguidores, ela não estava interessada na perda de seu poder. Mas não foi por meio de Hugolino que ela conseguiu o controle sobre a Ordem de Francisco. Ambos acabaram desenvolvendo uma profunda e respeitosa amizade, a existência de segredos, fazendo-os se tornarem mutuamente conselheiros.

Em 1219, a Igreja deu início à sua Quinta Cruzada. Os preparativos dessa Cruzada haviam se iniciado em 1217 com o Papa Inocêncio III. Porém, naquele ano, em julho, ele veio a falecer repentinamente, deixando Francisco abalado.

Mas essa Cruzada seguiu o seu rumo, e em 1219 o Papa Honório III convocou os cristãos – entre eles: clérigos, abades, monges e leigos – para a batalha de reconquista da Terra Santa, incluindo as relíquias da Santa Cruz.

Francisco, que concluíra uma assembleia, reunindo cerca de três mil frades – ele começava a se preocupar com as divisões em sua Ordem[10] – não pôde conter, mesmo com suas limitações de saúde, sua paixão pela conversão dos sarracenos. Nessa etapa de sua vida, Francisco já possuía um elevado grau de fé, e já não almejava tanto a morte como mártir, mas sim a vida. Porém, crescia nele a vontade de efetuar a conversão, feita de modo humilde e respeitoso, querendo levar a paz onde houvesse a desunião. Ele também tinha um grande desejo de conhecer a Terra Santa.

Como a Ordem, apesar das divisões que surgiam, vivia em grande estado de humildade, o Papa Honório III enviou uma carta a Francisco para que ele a levasse consigo, assegurando aos clérigos, principalmente bispos e cardeais, que deveriam receber os mencionados irmãos franciscanos como verdadeiros fiéis católicos de uma Ordem aprovada por Roma.

Em 24 de junho Francisco partiu com o Irmão Illuminatus – que falava árabe – da costa italiana rumo ao Egito, o coração da Quinta Cruzada. A viagem foi bastante sofrida: não havia espaço suficiente para acomodação – nem mesmo para dormir – de todos; todos mesmo: alto clero, nobres e leigos. Também não havia comida suficiente, e aqueles que roubassem eram mortos. Muitos morriam no caminho de inanição, disenteria e outras doenças. Poucos desembarcaram às margens do Nilo com saúde, dentre eles Francisco (guardando suas mesmas condições) e Illuminatus. Mais quatro irmãos se uniram a eles na embarcação seguinte. Estas embarcações

---

10. Com cerca de três mil frades, a heterogeneidade começava a ficar exposta. Uma polarização que se concretizou mais tarde com os que queriam a continuidade da simplicidade da Ordem e os que queriam um conjunto sob regras rigidamente disciplinares.

tinham, na verdade, como principal objetivo, levar suprimentos para a guerra.

Mas a situação em terra mostrou que o pesadelo da viagem não era nada. Os cristãos estavam em visível desvantagem. Lutavam com pouco e pobre armamento; muitos cristãos, buscando a salvação de sua alma, não tinham preparo algum. O Cardeal Pelagio, apesar de seu provável interesse oculto de conquistar o Oriente Médio, não aceitava as generosas propostas de trégua do líder dos sarracenos – o Sultão ali-Malik al-Kamil –, que incluíam a Terra Santa, exceto os caminhos do deserto que levavam ao Egito. Também fez ofertas de tesouros, troca de reféns, alimento e – o que foi o estopim para a retomada da Terra Santa – as relíquias da verdadeira Cruz de Cristo, além de muitos anos de trégua para restabelecimento dos cristãos. Mas Pelagio recusava.

Na base cristã, à margem do Rio Nilo, a alguns quilômetros ao sul do Forte dos Muçulmanos, convivia-se com o cheiro de corpos em putrefação, nenhum conhecimento militar, sendo que os suprimentos e pagamentos aos que lutavam eram extraviados por mercenários. Já os sarracenos tinham um forte com muralhas, centenas de torres, suprimentos e milhares de combatentes – muitos milhares mais do que os cristãos – bem preparados, além do conhecimento da região.

Por fim, os cristãos perderam a batalha por não terem forças, combatentes que se afogavam com as cheias do Nilo e o fracasso da tomada da cidade egípcia de Damietta – já pilhada por cristãos nas Cruzadas anteriores.

Mas, ainda durante as sangrentas batalhas, Francisco se horrorizava com o estado físico, mental e espiritual dos que ali estavam. Ele se perguntava se não estava sendo tolo em tentar pregar, confortar e converter em tal cenário. Mas os irmãos que o acompanhavam não o deixaram esmorecer. Primeiramente, ele havia ido conversar com a cúpula ali presente, pedindo que aceitassem as propostas de trégua, buscando a paz. Sem sucesso, pediu para tentar conversar (e até converter) com o Sultão al-Kamil. Pelagio, o despreparado cardeal à frente da Quinta Cruzada[11], disse a Francisco que não assumiria qualquer responsabilidade e o proibiu que comprometesse a Igreja com qualquer tipo de acordo.

Francisco, acatando as ordens de Pelagio, seguiu com Illuminatus. Suas vestes humildes – que os confundiam com sarracenos muito humildes – e suas atitudes de igual humildade abriram as portas (literalmente) para que Francisco fosse levado ao sultão.

A importância deste encontro foi histórica, estando registrada não somente nos documentos da Igreja Católica, mas também nos registros islâmicos. Al-Kamil tinha uma personalidade parecida com a de Francisco; também eram da mesma idade e tinham como prioridade o contínuo crescimento na fé. O sultão, por exemplo, era o primeiro a se dirigir para as orações – as cinco orações proferidas pelos muçulmanos ao longo do dia –, tornando-se, como Francisco, o mais humilde dos fiéis. Porém, lutou pela segurança de seu povo, tendo sido preparado para ser também um líder militar, mas se tornou diplomático e generoso nas negociações de paz. Mas não encontrou reciprocidade do lado cristão, talvez por terem interesses diferentes entre si, como poder, roubos e o perdão de seus pecados, no caso de cristãos mais humildes e menos instruídos.

O encontro se iniciou com Francisco descrevendo brevemente a Bíblia e falando de seu amor a Cristo. Os conselheiros

---

11. Substituto de João de Brienne, era mais preparado e diplomático.

do sultão sugeriram que Francisco fosse morto, mas o sultão os ignorou. Ele não poderia matar alguém tão fiel aos princípios de sua fé, e que ali estava com nobres argumentos de alguém que tentava lhe salvar a vida diante de Deus. Apesar dos detalhes iniciais do encontro, pouco se sabe sobre a semana em que ele e Illuminatus passaram com o Sultão al-Kamir. Mas, que houve influência e respeito, é fato. Francisco, quando retornou a Assis, propôs que, de modo semelhante à religião islâmica, houvesse uma vez ao dia convocação para preces.

No fim da visita de Francisco, ele e Illuminatus receberam o salvo-conduto não somente para voltar ao acampamento cristão, mas também para seguirem para Jerusalém[12]. E lá foram os dois, Francisco em estado de graça por, literalmente, poder seguir os passos de Cristo.

Não há muitos registros da visita de Francisco à Terra Santa, mas ele permaneceu lá de dezembro de 1219 a fevereiro de 1220. E foi lá que ele soube – deixando-o muito abalado – da morte violenta de cinco de seus frades, que se tornaram mártires. Mas Francisco evoluía cada vez mais em sua fé, e se chegara à Quinta Cruzada sem tantas ganas de se tornar mártir, agora que conhecera a fé islâmica e a generosidade de seu líder estava certo de que em algum momento seus frades, mesmo intencionalmente, devem ter sido desrespeitosos e duramente insistentes em uma conversão.

4.6 O início da polarização da Ordem

Apesar de ainda estar em terras estrangeiras, na Terra Santa, Francisco também já recebera notícias da "batalha" que

---

[12]. Al-Kamir quis dar presentes a Francisco, que delicadamente os recusou, em função de suas crenças e seu voto, angariando ainda mais o respeito do sultão.

o aguardava em Assis. A polarização entre os irmãos menores estava consolidada. Um grupo queria seguir o modelo de Francisco, composto por leigos, sem regras que não fossem o trabalho, as orações e a dedicação ao próximo. Já a outra linha queria regras rígidas, acesso às universidades, muitos clérigos e representação em Roma.

Uma estruturação já se fazia necessária diante do aumento exponencial da Ordem. Mas Francisco não queria correr o risco de ficar engessado por Roma, principalmente agora que via a importância do respeito, mas também da liberdade da fé, mesmo ainda defendendo suas regras de pobreza, trabalho e dedicação ao próximo. Apesar de ter clara a sua missão de reformar a Igreja em seu interior, e não apenas em estética, Francisco não tinha planos grandiosos de revolução, muito menos de insubordinação. Mas como diz o biógrafo Donald Spoto: "Ele desejou modificar apenas a perspectiva moral e espiritual do mundo, principalmente ao dar exemplo mais gentilmente discreto e possível, e através da identificação com todos os excluídos da sociedade".

Francisco partiu para a Itália em fevereiro de 1220, mas durante a sua viagem voltou a ter problemas hepáticos devido a sua malária; sua visão também passou a apresentar problemas: seus olhos ficavam ardentes e muitas vezes, se não perdia a visão, enxergava somente vultos. Francisco também sentia dores nos olhos e, com frequência, muita fraqueza.

Ao regressar a Assis, mesmo sendo considerado hoje o mais diplomático dos homens, e àquela época ter usado todos os seus conhecimentos para aprimoramento de sua fé, Francisco se sentiu muito frustrado, principalmente pela não conversão do sultão. Francisco então escreveu o Ofício da Paixão, para contemplar o Cristo crucificado, que lhe dava esperança em suas já gritantes batalhas internas.

Naquele tempo, Francisco via Jesus só, abandonado, como ele pelos companheiros que não mais queriam seguir as regras iniciais de sua Ordem. E assim como Jesus preso, caluniado, crucificado, mas jamais abandonado por Deus, Francisco agora lapidava a sua fé já consolidada; totalmente entregue ao destino que Deus lhe reservara, sem jamais abandoná-lo. Frequentemente Francisco murmurava: "Quem sois, meu amado Deus? E quem sou eu, se não vosso inútil servo?" Com exceção do poético *Irmão Sol, Irmão Lua*, todos os filmes e grande parte da literatura mostram essa fase de sofrimento de Francisco, que dura até sua morte, com muita dor, retratando bem o momento vivido.

Na primavera de 1220 Francisco se reuniu com os frades, os ministros e os irmãos comuns. E muitas eram as queixas. Viver de esmola é viável quando se é um grupo de uma dúzia de irmãos. Mas, uma Ordem com mais de cinco mil frades precisa de um mínimo de segurança para sustento de todos. Francisco não gostava das sugestões de posses, pois sabia que levaria ao acúmulo de riquezas e poder; temia que terminassem todos ali como o Bispo Guido, que gastava muito tempo na gestão de seus bens.

Também emergia a questão da autoridade. Um dos responsáveis indicado por Francisco, Gregório de Nápoles, havia sido extremamente rigoroso e punitivo.

Por fim, Francisco teve de lidar com os frades sacerdotes, que gostariam de prosseguir em seus estudos. O mesmo pediam os homens letrados que haviam se juntado ao grupo. Para eles, os estudos também dariam segurança à Ordem, quando comparada às demais Ordens já formalizadas.

Finalmente, este polo progressista venceu. Não que eles não estivessem de acordo com Francisco, mas no contexto em que estavam, a vida inicial da Ordem era utópica. Mas, o que havia de mais grave naquele novo contexto é que muitos irmãos começaram a ignorar Francisco. Porém, ele se retirava, não reclamava, orava e suportava em silêncio.

4.7 A frustração de Francisco e sua angústia

Francisco ainda estava muito doente. Quando Giles, um de seus primeiros discípulos, retornou para aquela "nova" Santa Maria, encontrou Francisco deitado, com muita febre malárica e ignorado. Junto a Giles, Francisco começou a redigir o esboço de uma nova forma de viver da Ordem. Porém, antes, disse a todos: "Estou morrendo para vocês", deixando a liderança de sua Ordem também a um de seus primeiros líderes: Pedro Catanio: "Agora todos lhe obedecerão, inclusive eu". Até sua morte, Francisco foi o mais humilde dos frades de sua Ordem.

Desde 1220, por mais de dois anos, Francisco escreveu várias versões para a Regra de sua Ordem, ainda pendente em Roma. Porém, em março de 1221, o líder nomeado por Francisco morreu repentinamente, e quem escolheu o seu substituto foi o amigo e intermediador com Roma, Cardeal Hugolino. Este escolheu Elias, o "menos franciscano" dos seguidores de Francisco. Apesar de ter sido um dos primeiros companheiros, era autoritário e tinha a tendência ao abuso do poder. "Com efeito, sua atitude autoritária, fraudulenta e soberba em breve ficou evidente, quando Francisco entregou uma de suas revisões da Regra. O documento se perdera acidentalmente, de acordo com Elias, em uma reunião de frades, e assim Francisco teria de recomeçar a tarefa."

No final de 1221 Francisco concluiu o que hoje é conhecido como a Primeira Regra. O que descontentou os frades progressistas é que nela não havia castigos e punições, somente estímulos e exemplos para crescimento no amor e no perdão. Esse conjunto de regras foi baseado nos escritos de 1209 e entregue a Inocêncio III. Era uma compilação das regras que Francisco seguira, com base no Evangelho, com algumas notas sobre horários de oração e dias de jejum.

No entanto, sua Primeira Regra não foi aceita. Argumentava-se que ainda havia muitas lacunas. Um frade alemão erudito e Hugolino foram convocados para trabalhar com Francisco na elaboração de uma nova Regra. Mas Francisco não aceitou e foi ter com Elias. Este lhe disse que os frades não haviam aceitado sua Regra e que não iriam segui-la, e, com ironia, disse para Francisco que escrevesse regras para ele mesmo, e não para os demais.

Francisco se manteve fiel à sua fé, que só se desenvolvia com o tempo. Ele se entregou a Cristo, com sua verdadeira pobreza de espírito, observando sua entrega à vontade de Deus até o fim, e nunca lhe faltou nada. Dessa forma, teve o que mais quis da vida: a liberdade. Dizer não às posses era se tornar guardião, ao invés de proprietário delas. E isso era libertador para Francisco.

Os únicos que continuavam no crescimento da fé junto com Francisco eram os seus companheiros do início, à exceção de Elias. Os demais se renderam ao poder que herdavam por serem clérigos, tão forte e característico da Idade Média. Chegavam a chamar Francisco, aos 40 anos, de velho e antiquado.

Em 1223, finalmente a Segunda Regra foi aprovada pelo Papa Honório III. Com isso, a Ordem dos Frades Menores estava formalizada. Essa Regra não havia sido escrita por Francisco, e mais tarde Hugolino reconheceria que exerceu grande influência sobre ela. Ele partiu dos escritos de 1209 e da

Primeira Regra, mas trazia o apelo de Francisco sob forma de regras e normas bem-estruturadas e de modo sucinto, em doze capítulos e sete páginas. A maior parte das referências ao Evangelho foi retirada.

Antes da aprovação da Segunda Regra, Francisco começou a se afastar da fraternidade. À medida que ficava mais debilitado, Giles e Leão, irmãos desde o início, cuidavam dele, especialmente Leão. Após a aprovação da Segunda Regra, Francisco passou a ter uma vida praticamente independente da vida dos clérigos de sua Ordem, que agora estavam ocupados, em grandes centros, cuidando de temas burocráticos. Honório III aproveitou a Ordem formalizada para introduzir algumas reformas na Igreja, visando revigorar-se espiritualmente após tenebrosa fase, que na realidade ainda duraria alguns séculos.

Entre 1222 e 1223 Francisco se encontrava bastante debilitado. O registro de um sermão dado por ele em São Damião retrata o espanto de Clara ao vê-lo, pois tinha cor de cera, membros raquíticos e muitas dores abdominais, consequência da malária que afetara seu fígado e baço. Isso fazia com que Francisco não se alimentasse direito. Ele também quase perdera sua visão, tendo os irmãos de conduzi-lo.

Francisco já não respondia a perguntas; simplesmente dizia aos mais novos ou progressistas para consultarem a Segunda Regra. Porém, afirmava que continuaria ensinando através de suas ações, como sempre o fizera. E isso ocorreu quando Clara pediu que ele fosse falar às irmãs clarissas – quando se espantou. As irmãs haviam recebido de presente um pedaço de terra. Clara imediatamente recusou, mas outras irmãs o aceitaram. Então Clara pediu que Francisco fosse aconselhar as irmãs através de um sermão. Francisco chegou conduzido por Leão e foi sentado entre as irmãs. Ele trazia consigo um pote de cinzas. Sem dizer uma única palavra, colocou sobre si as cinzas e também fez um círculo ao redor dele com as mesmas cinzas. Depois, partiu. Todas entenderam a mensagem daquele que sempre foi o líder espiritual de Clara: "És pó e ao pó voltarás". No dia seguinte elas chegaram a um consenso e a terra foi devolvida.

Em 1222 também houve uma pregação de Francisco em Bolonha sobre a abolição das hostilidades e renovação. A região passava por uma crise entre as classes sociais e a pregação de Francisco teve influência positiva, ajudando na solução dos conflitos.

O ano de 1224 estava muito próximo quando Francisco passou a ser tomado por angústia. Ele não sabia qual seria o futuro de sua fraternidade, e há registros de que ele chegou a pensar em abandonar os votos que fizera tão espontaneamente, encontrar uma mulher e se casar, talvez ter filhos. Mas, por fim, constatou que esse não seria o caminho que deveria seguir. No entanto, sua angústia aumentava. Ele não se sentia mais feliz com nada. Passou a ter medo do mal e da morte. Além da frustração com seu estado físico, a sua situação lhe dava a sensação de autodesprezo. Sentia-se fracassado e impotente, não realizando as grandezas de suas ações feitas até ali.

Francisco tentava encontrar conforto com penitências e autonegação. Também nas orações, mas elas lhe traziam pouco conforto. Além disso, passou a ter acessos de fúria contra os irmãos que viviam sob o novo regime, mais relaxados, e dizia que um dia trariam vergonha à Ordem. Chegava ao ponto de falar para esses frades que eles seriam amaldiçoados pelo mau exemplo. Depois disso, ele se recolhia em total isolamento e depois retornava, pedindo perdão por sua impaciência. Conhecendo suas características de cortesia e paciência, e sabendo de suas aflições quanto ao futuro e sua cegueira, não tinham como não ser compreensíveis.

4.8 Francisco renasce mais forte do que nunca

Em dezembro de 1223, porém, Francisco começou a encontrar as respostas que acalmariam sua angústia. Ele foi a Greccio, onde havia um retiro de sua Ordem, a 50km de Assis. Lá pediu a um nobre devoto que lhe permitisse usar suas instalações e seus animais para montar um presépio. Amarrou os animais (bois e mulas) próximo a um casal com um pequeno filho. Pediu que seus frades se posicionassem como os reis magos e os pastores. Na sua simples montagem, quase teatral, Francisco ensinou – como sempre por ações – a simplicidade com que Deus entrou no mundo. Em seguida participou do banquete, ajudou a servir os convidados e pediu que o proprietário alimentasse os animais com duas vezes mais feno e aveia, e que atirasse pão aos pássaros.

Francisco ficou no retiro de Greccio até maio de 1224, quando retornou a Assis. Enquanto esteve nesse retiro permanecia em constante oração, mantendo pouco contato com os demais frades.

De volta a Assis, pensou em fazer outro retiro, durante quarenta dias, nos meses de agosto e setembro; principalmente em agosto, quando o verão castigava Assis. O refúgio escolhido foi La Verna, um complexo rochoso com cavernas a 1.400m de altura, no meio da cordilheira italiana dos Apeninos. Sendo um local de ar puro e fresco, era ideal para se fugir das altas temperaturas.

O monte havia sido doado aos franciscanos por um nobre rico, em 1213. Lá, portanto, haviam celas, pequenas cabanas, um refeitório e um espaço para orações em conjunto.

Foto 9 La Verna.
Foto: Vie de Saint François d'Assise, Anacleto Iacovelli.

A vida de Francisco exigia cuidados; ele colocava o capuz sobre os olhos, pois estes não suportavam mais a luz do sol ou do fogo. Seu corpo passou a ter mais feridas, úlcera, além dos males do fígado e baço, decorrentes da malária. Mas era sabido que sua úlcera e algumas das feridas eram consequência de suas penitências. Também se desconfiava que aquelas feridas eram consequência de sua aproximação de muitos doentes, dentre eles os leprosos, de quem cuidou a vida toda, e os abandonados à beira do Nilo.

Francisco se encontrava em profundo mergulho espiritual, perguntando-se – após pensar em suas derrotas na vida – sobre o que Deus ainda poderia aceitar dele, e como ele ainda poderia se aproximar mais de Deus. São clássicas as cenas de seus filmes biográficos nos quais ele implora a Deus com a frase em italiano: "*Parla-me Signore*", ou "Fala comigo, Senhor".

Mas, mesmo em profunda agonia, Francisco via a aflição de seus fiéis companheiros, principalmente Frei Leão. Com gratidão e servidão, Francisco dedicava orações ao Irmão Leão, e o fazia anotá-las.

Atrás de um dos pergaminhos onde Leão escrevia as orações de Francisco, o próprio Francisco escreveu uma bênção para o amigo, que passou a ser muito conhecida e rezada, a Bênção de São Francisco:

> Que o Senhor te abençoe e te guarde.
> Que Ele te mostre seu rosto e seja misericordioso contigo.
> Que Ele volte seu semblante para ti e te dê paz.
> Que Deus te abençoe, Irmão Leão.

Foi em La Verna que Francisco teve um dos mais marcantes encontros com Deus, e também o mais controverso. Em um estado semelhante à sua visão em São Damião, muito real para um sonho, mas desconectada da realidade a sua volta, Francisco teve a visão de um anjo crucificado. Aquela visão o havia enchido de consolo, tomando o espaço da angústia sofrida há algum tempo. Também lhe trouxera a resposta que buscava. Após as reflexões daquela visão Francisco entendera que devia viver sua dedicação a Deus e suportar seus sofrimentos com a paciência de Cristo Crucificado.

Muitos acreditam, desde os tempos de Francisco, que, após essa sua visão, ele teria recebido todos os estigmas de Jesus em seu corpo. Esse fato, apesar de ser dado como certo em todos os seus filmes e em muitos livros, é bastante controverso.

Não há registros de depoimentos de seus frades mais próximos. Da parte dos líderes da época de Francisco, como Elias e Hugolino, houve negação. Da parte dos artistas, das pinturas de Francisco morto, sempre há um clérigo verificando seus estigmas, mostrando a polêmica do século XIII.

O único registro que corrobora para validar a existência dos estigmas é um controverso documento encontrado em 1620 que teria sido escrito por Elias, no qual atesta a existência

Foto 10 Clérigos velando Francisco, com frades concentrados em suas chagas.

Afresco da Basílica de São Francisco. Vie de Saint François d'Assise.
Foto: Anacleto Iacovelli.

dos estigmas! O documento é colocado até hoje em xeque, pois os argumentos trazidos nele distoam da época de Elias e Francisco. O mais importante não é o questionamento dos estigmas. O que se reflete é um potencial interesse em, no século XVII, tentar usar um documento de procedência duvidosa para encobrir a posição da Igreja, marcada com preocupações com poder e posses.

Mas o fato é: com ou sem seus estigmas, o que fez de Francisco um santo foram seus atos de amor a Deus, de sua dedicação aos excluídos e a busca, do modo mais tangível possível, pela paz. Esta também foi a posição assumida pela Igreja.

Porém, há muitas histórias em relação aos estigmas, dentre elas, que Francisco escondia seus sinais, talvez por humildade, com o uso de luvas e sapatilhas. Ele respondia secamente quando lhe perguntavam sobre as marcas referentes aos estigmas, e que era Clara quem confeccionava objetos para escondê-los, expostos na Basílica de Santa Clara em Assis, junto com várias outras relíquias.

Francisco partiu de La Verna no final de setembro de 1224 sem a angústia que chegara e a certeza de que deveria aceitar tudo o que vivera até ali – e o que ainda estava por vir – com total abandono a Deus, paciência, humildade e no contínuo serviço ao próximo, à semelhança de Jesus.

No inverno de 1225, Francisco, ainda mais enfraquecido, pede para ficar por algum tempo em uma cabana em São Damião, que abrigava frades que fossem celebrar missa para as clarissas.

Francisco estava junto a dois de seus fiéis irmãos: Leão e Rufino, assim como de Clara e suas irmãs. Ele continuava com dificuldade para enxergar, seus olhos não suportavam a luz, tinha as mesmas dores e tinha dificuldade para dormir. Mas não deixava de ser grato àqueles que cuidavam dele. Certa vez disse para um deles: "Não vos fatigueis nem sintais peso devido à minha doença. Deus vos recompensará com o fruto das boas obras que não podeis realizar por estardes cuidando de mim. Deveis dizer-me: 'Estamos pagando suas despesas, mas nosso devedor será o Senhor'".

Francisco retomara no fim da vida o seu frescor e a sua presença de espírito. Tanto que chamou os frades e pediu que registrassem uma Louvação a Deus, para suas criaturas, sem as quais não poderíamos viver. E assim nasceu o *Cântico das criaturas*:

> Altíssimo, todo poderoso, bom Deus:
> A ti o louvor,
> A glória e a honra
> E todas as bênçãos.
> A ti somente, Altíssimo, elas pertencem
> E homem algum é digno
> de mencionar teu nome.
> Sê louvado, Senhor, com todas as tuas criaturas,
> especialmente o Irmão Sol,
> que é o dia e por meio do qual nos dá a luz.
> E ele é belo e radioso com grande esplendor
> e feito à tua semelhança, Altíssimo.
> Sê louvado, Senhor, pela Irmã Lua e as Estrelas;
> no céu as formaste, claras, preciosas e belas.
> Sê louvado, Senhor, pelo Irmão Vento,
> pelo ar nublado e sereno
> e todos os tipos de clima,
> por meio dos quais dás sustento a tuas criaturas.
> Sê louvado, Senhor, pela Irmã Água,
> que é muito útil e humilde,
> preciosa e pura.
> Sê louvado, Senhor, pelo Irmão Fogo,
> por meio do qual iluminas a noite.

Ele é belo e alegre,
robusto e forte.
Sê louvado, Senhor, por nossa Irmã Terra,
que nos sustenta e governa
e que produz variados frutos,
com flores e ervas coloridas.

O *Cântico das criaturas* foi o primeiro exemplo de poesia em italiano formal. Francisco agora era o menestrel de Deus. Mas, ainda foi além, chamou Pacificus – amigo e compositor –, pedindo uma melodia para que o cântico fosse entoado nas missas. Porém, o cântico foi além, e antes da morte de Francisco já era cantarolado pelo povo de Assis. Não foi guardado registro de sua melodia inicial.

4.9 O forte fim de Francisco

No verão de 1225, Elias e Hugolino convenceram Francisco e os frades a levá-lo para uma consulta em Rieti, para tratamento dos olhos. Ao chegar lá, o tratamento do médico renomado era queimar com uma barra de ferro quente seus olhos, da região das orelhas até as sobrancelhas e delas até próximo às maçãs do rosto. Ao perceber a barra sendo aquecida no fogo, Francisco pediu ao Irmão Fogo que fosse gentil. Nenhum acompanhante conseguiu ver o procedimento, mas Francisco tudo suportou em silêncio.

O objetivo do método era queimar a região dos olhos e ao seu redor, limpando as infecções até suas veias. Francisco passou a usar curativos nos olhos durante o pouco tempo que lhe restara, e o tratamento nada adiantou.

No início de 1226, ano de sua morte, as enfermidades se agravavam, e Francisco foi levado à casa do Bispo Guido.

Mas não se sentiu confortável em meio a tanto conforto e luxo. Quis retornar a Santa Maria para morrer no conforto de sua pobreza. Porém, antes de partir, promoveu a paz entre o Bispo Guido e o prefeito de Assis, que estavam em pé de guerra por dinheiro e poder. O prefeito estava se aliando à nobreza de Perúgia (rival de Assis) e Guido o condenou, excomungando-o. O prefeito revidou, prometendo punir os comerciantes que negociassem com o rico Bispo Guido. Francisco apareceu em público com os dois envolvidos, solicitando deles uma trégua. Com o povo já cantarolando o *Cântico das criaturas*, o prefeito e Guido se deram as mãos selando uma trégua que durou alguns anos.

Francisco, em decorrência do acontecido, acrescentou dois parágrafos ao *Cântico das criaturas*:

> Sê louvado, Senhor, por aqueles que perdoam por teu amor e suportam enfermidades e atribulações.
> Abençoados os que suportam em paz, pois por ti, Altíssimo, serão coroados.

Francisco partiu para Santa Maria dos Anjos em meados do verão de 1226. Durante o caminho pediu que os frades o colocassem no chão. Francisco, lá do alto, se inclinou e abençoou sua terra, Assis.

No final do mês de setembro, a poucos dias de sua morte, Francisco recebeu a visita de um médico. Ele perguntou ao médico se já chegara a sua hora, e o médico respondeu que não passaria do início de outubro. Com a paciência do Crucificado, Francisco convocou seus fiéis frades, que estiveram com ele desde o início, e ditou a última parte do *Cântico das criaturas*, uma das mais belas e profundas, que refletia sua vida, deixando grande esperança àqueles que permaneciam:

Sê louvado, meu Senhor, por nossa Irmã Morte Corporal,
Da qual nenhum vivente pode fugir.
Ai daqueles que morrerem em pecado mortal!
Abençoados aqueles a quem a morte venha encontrar em tua santíssima vontade,
pois a segunda morte não poderá lhes fazer mal.
Louva e abençoa o Senhor e agradece-lhe,
e serve-o com grande humildade.

Em 30 de setembro, já sentindo a morte bem próxima, chamou os frades Bernardo, Giles, Ângelo e Rufino, seus primeiros companheiros que cuidaram dele até o fim, e os abraçou, dizendo "Adeus [...]. Apresso-me a ir ao encontro do Senhor, e tenho confiança de que vou estar com meu Deus, a quem servi com meu espírito".

Na manhã de 3 de outubro, Ele ainda teve forças para pedir a seus irmãos que ao perceberem que chegara seu fim, o colocassem nu no chão. Naquela mesma tarde, ao perceberem que ele murmurava o Sl 141[13], já quase sem fôlego, o colocaram nu no chão, bem ao lado da Igreja da Porziuncula. Assim, Francisco foi fiel até o fim à sua pobreza de espírito. Ele foi vestido, colocado sobre o leito de palha com travesseiro de pedra. Francisco ainda suspirou, dizendo: "Fiz o que me cabia [...]. Que Cristo vos ensine o que vos cabe".

Conforme relato de Bernardo e Giles, quando Francisco morreu, a luz do fim da tarde cobriu lindamente a colina de Assis e, como um milagre, as cotovias – que Francisco tanto amava ouvir ao fim da tarde – voaram ao redor dele fazendo círculos e cantando.

---

13. Sl 141: "Eu vos peço, Senhor, vinde rapidamente a mim... ouvi minha voz que vos chama... em Vós que busco refúgio; não me deixeis indefeso".

II
Contos e lendas de São Francisco de Assis

O sonho que supera o destino desejado
Um distinto morador de Assis, pertencente à família dos Gentili, ia fazer grandes preparativos militares para sua expedição a Puglia. São Francisco, que não era de estirpe igual à dele, mas que o superava em grandeza de alma e audácia, foi se juntar a ele na qualidade de escudeiro. A aventura lhe valeria ser um "armado cavaleiro", e isso lhe asseguraria nobreza, riqueza e fama.

Pouco tempo antes de se pôr a caminho, viu em sonhos, certa noite, um magnífico palácio, cheio de armas, de escudos e de uma completa equipagem de guerra. Perguntou-se a quem poderia pertencer tal palácio e todas aquelas magnificências; mas uma voz lhe disse: "São para ti e para os teus cavaleiros". E logo ele gritou com um ar de triunfo: "Tenho a certeza de vir a ser um grande príncipe". Mas na noite seguinte teve um outro sonho, mostrando um singular diálogo entre ele e uma voz misteriosa. A voz o interrogou sobre o fim de sua viagem. São Francisco respondeu que, sendo escudeiro de um dos seus nobres compatriotas, partia para a Puglia, a fim de lá conquistar riquezas, felicidade e a glória das armas. "E quem te pode fazer mais bem [perguntou a voz], o Senhor ou o servo?" "O Senhor" [respondeu São Francisco]. "Por que deixas então o Senhor pelo servo, o Príncipe pelo súdito? Volta para a terra que te viu nascer, pois por mim a tua visão se realizará espiritualmente." Na mesma hora ele regressou, já como modelo de obediência, e abdicando de sua própria vontade.

A força da convicção e da persuasão

Certa vez São Francisco encontrou em Rieti um jovem cavaleiro da família dos Tancredi, que, montado em soberbo corcel e envergando brilhante armadura, atraía os olhares de quem passava: "Senhor cavaleiro [disse, aproximando-se dele], de nada vale o brilho do boldrié, da espada e das esporas. Para o futuro, é necessário que tenhas por boldrié uma grossa corda, por espada a cruz de Jesus Cristo e por esporas o pó e a lama. Segue-me, e eu te farei soldado da milícia cristã. Rapidamente o cavaleiro apeou e foi recebido em uma nova cavalaria.

A paixão pela Dama Pobreza

De repente ele começa a ficar triste, retira-se, e seus amigos lhe dizem: "Mas como? Você sempre foi o líder das nossas festas, das nossas cantorias noturnas. Por que você se retira?" Ele respondeu: "Encontrei uma dama maravilhosa, lindíssima, brilhante! Estou enamorado, apaixonado por ela e tenho dor de amor..." Eles voltaram a perguntar: "Qual foi a menina que você encontrou?" E São Francisco lhes disse: "Encontrei a Dama Pobreza, a Senhora Pobreza. Fiquei tão fascinado, que vou abandonar tudo para contrair matrimônio com ela".

Paixão por Cristo crucificado

Algum tempo depois da aparição do crucifixo em São Damião, ia suspirando e lamentando-se pelo caminho que leva a *Porziuncula*. Avistou-o um dos seus amigos e perguntou-lhe o que tinha: "Choro a paixão do meu Senhor crucificado, pelo qual eu não devia ter vergonha de percorrer o mundo inteiro, chorando sempre e enchendo-o de lamentações pela paixão de meu Senhor".

Os filhos do Rei

Foi nessa disposição de alma que São Francisco, seguido de onze companheiros, apresentou-se a Inocêncio III para lhe pedir a aprovação da regra que acabara de compor. Esse papa, um dos maiores administradores que já houve, ficou entusiasmado ao perceber a confiança com que São Francisco queria fundar a sua obra, unicamente na Providência. Recomendou que recorresse mais à oração, para obter as luzes do alto. Efetivamente, São Francisco orou, como o papa havia aconselhado, e Deus respondeu à sua oração com esta parábola: Uma mulher pobre e bela morava no deserto. Viu-a um rei, prendeu-se aos seus encantos e se casou com ela. Esperava que lhe desse filhos semelhantes a ela, e assim aconteceu. Quando os filhos cresceram, ela lhes disse: "Meus filhos, não vos envergonheis por serdes pobres, sois filhos de rei. Ide à corte de vosso pai e ele vos dará tudo o que for necessário". Os filhos obedeceram. O rei, ao vê-los, ficou admirado com a beleza deles, e reconhecendo os seus próprios traços, lhes perguntou: "De quem sois filhos?" Ao que eles responderam: "Somos filhos da pobre mulher que mora no deserto". E então o rei os abraçou com alegria e lhes disse: "Nada receeis; sois meus filhos. Se tenho estranhos à minha mesa, por que não deverei ter cuidado maior com meus filhos?" E logo ordenou à mãe que lhe mandasse todos os filhos nascidos dele, porque queria tratá-los como príncipes em sua corte.

Terminada a oração, dirigiu-se de novo São Francisco ao papa e lhe contou minuciosamente como Deus respondera ao seu pedido. Depois ainda acrescentou: "Sou eu mesmo, senhor, essa pobre mulher do deserto que Deus amou e de quem lhe aprouve ter filhos. O Rei dos Reis me assegurou que tomaria a seu cuidado todos os filhos que me desse; pois se ele alimenta os estranhos, se concede aos pecadores os bens da terra pelo amor que tem por seus filhos, quanto mais não há de cumular dons aos homens evangélicos que têm o direito à sua solicitude?" Então Inocêncio III não hesitou mais e abençoou São Francisco, que não tinha outro fundamento senão a Providência.

A perfeita alegria
Certa vez São Francisco vinha com Frei Leão de Perúgia para Santa Maria dos Anjos. Era inverno, e aquela baixíssima temperatura os castigava. Chamou Frei Leão, que ia mais à frente, e lhe disse: "Frei Leão, se acontecer, por graça de Deus, que os frades menores deem por todas as terras grande exemplo de santidade e de boa edificação; apesar disso, escreve e anota diligentemente que não está aí a perfeita alegria".

E andando mais adiante, São Francisco chamou-o uma segunda vez: "Ó Frei Leão, ainda que o frade menor ilumine os cegos, estenda os encolhidos, expulse os demônios, faça os surdos ouvirem, os coxos andarem e os mudos falarem e, o que é ainda maior, ressuscite os mortos de quatro dias, escreve que não está aí a perfeita alegria".

E, andando mais um pouco, São Francisco gritou forte: "Ó Frei Leão, se o frade menor soubesse todas as línguas, todas as ciências e todas as escrituras, de modo que soubesse profetizar e revelar não somente as coisas futuras, mas até os segredos das consciências e das pessoas, escreve que não está nisso a perfeita alegria".

Andando ainda mais um pouco, São Francisco gritou mais forte: "Ó Frei Leão, ovelhinha de Deus, ainda que o frade menor fale com a língua dos anjos e saiba os caminhos das estrelas e as virtudes das ervas, e lhe fossem revelados todos os tesouros da terra, e conhecesse as virtudes dos pássaros e dos peixes e de todos os animais, e das pedras e das águas, escreve que não está nisso a perfeita alegria".

E andando um pouco mais, São Francisco chamou-o ainda com mais força: "Ó Frei Leão, ainda que o frade menor soubesse pregar tão bem que convertesse todos os infiéis para a fé de Cristo; escreve que aí não há perfeita alegria".

Então Frei Leão, com grande admiração, lhe perguntou: "Pai, eu te peço da parte de Deus que tu me digas então onde está a perfeita alegria?" E São Francisco lhe respondeu: "Quando nós estivermos em Santa Maria dos Anjos, tão molhados pela chuva, congelados pelo frio, enlameados de barro, aflitos de fome e batermos à porta, e o porteiro vier irado e disser: 'Quem sois vós? E nós dissermos: Nós somos dois dos vossos frades'. E ele disser: 'Vós não dizeis a verdade; aliás, sois dois vagabundos que andais enganando o mundo e roubando as esmolas dos pobres; ide embora', e nos fizer ficar fora na neve e na água, com frio e com fome; então, se nós suportarmos pacientemente tanta injúria e tanta crueldade, sem nos perturbarmos e murmurarmos, pensando humildemente que aquele porteiro nos conhece de verdade, que Deus o faz falar contra nós, ó Frei Leão, escreve que aqui há perfeita alegria. E se, apesar disso, continuássemos batendo, e ele nos expulsasse como inoportunos, com vilanias e bofetões, dizendo: 'Ide embora daqui, ladrõezinhos muito vis, ide ao hospital, porque aqui vós não comereis, nem vos abrigareis'. Se nós suportarmos isso pacientemente, com alegria e com bom amor, ó Frei Leão, escreve que aqui está a perfeita alegria.

E se nós, mesmo constrangidos pela fome, pelo frio e pela noite, ainda batermos mais, chamarmos e pedirmos por amor de Deus com muito pranto e que nos abra e nos ponha para dentro, e ele escandalizado disser: 'Estes são patifes importunos, eu os pagarei bem, como merecem', e sair para fora com um bastão cheio de nós, e nos agarrar pelo capuz e jogar por terra, nos revirando na neve e nos batendo nó por nó com aquele bastão. Se nós suportarmos todas essas coisas pacientemente e com alegria, pensando nas penas de Cristo bendito, que temos de aguentar por seu amor; ó Frei Leão, escreve que aqui e nisto há perfeita alegria.

E, por isso, ouve a conclusão, Frei Leão. Acima de todas as graças e dons do Espírito Santo, que Cristo concede aos seus amigos, está a de vencer a si mesmo, e de boa vontade, por amor a Cristo, suportar penas, injúrias, opróbrios e mal-estares; porque de todos os outros dons de Deus nós não podemos nos gloriar, pois não são nossos, mas de Deus, como diz o apóstolo: 'Que é que tu tens que não recebeste de Deus? E se recebeste dele, por que te glorias, como se o tivesses por ti?' Mas na cruz da tribulação e da aflição nós podemos nos gloriar, pois diz o apóstolo: 'Não quero me gloriar a não ser na cruz de Nosso Senhor Jesus Cristo'".

Os dois pedidos de São Francisco

Conta a lenda que no início de sua conversão o santo homem de Deus, São Francisco, decidiu morar afastado da cidade, numa pequena cabana, isolado do mundo. Numa região semidesértica, após um dia de jejum e orações, retornou à cabana. Pelo caminho fez dois pedidos a Deus: Gostaria que Deus me enviasse uma flor e uma borboleta. Quase na entrada da cabana teve a impressão de que seus pedidos estavam sendo atendidos. Viu um pequeno arbusto. Quando se aproximou, ficou decepcionado: era um cacto cheio de espinhos. O desgosto tornou-se maior ao perceber, em um arbusto ao lado, uma repugnante lagarta. Deus estava brincando com ele? Pedira uma flor ao invés deu um cacto; uma borboleta ao invés de uma lagarta. Pensou que talvez Deus tenha se enganado e lhe deu o pedido errado.

Na manhã seguinte, quando se dirigia à floresta para mais um dia de retiro, não pôde deixar de olhar para os presentes divinos. Lá estavam o cacto e, não muito distante, a insaciável lagarta. Decidiu deixar a questão de lado e por muitos dias evitou passar perto do cacto. Afinal, Deus deveria ter seus critérios.

O fato quase tinha sido esquecido quando, aos primeiros raios de sol, o santo homem percebeu que o cacto florira. Nele havia uma flor maravilhosa, muito colorida e perfumada. Além disso, havia uma borboleta sugando-lhe o néctar. A lagarta de alguns dias atrás, na metamorfose de sua espécie, tornara-se uma maravilhosa borboleta. E o Santo de Deus, encantado pelos pedidos atendidos, agradeceu a Deus pela lição da flor e da borboleta.

Raimunda Gil. *Histórias para refletir.*

O amargo vira doce

O Senhor deu a mim, Irmão Francisco, a graça de começar assim a fazer penitência: estava em pecado e me parecia

79

muito amargo ver leprosos; e o próprio Senhor me levou ao meio deles, e eu usei de misericórdia para com eles. E quando me retirei de sua presença, o que me parecia amargo tornou-se para mim doçura da alma e do corpo.

E depois, pouco demorei e saí do século. E o Senhor me deu uma tão grande fé nas igrejas, que chegava a adorar, assim com simplicidade: "Nós vos adoramos, Santíssimo Senhor Jesus Cristo, aqui e em todas as vossas igrejas que se erguem por todo o mundo, e nós vos bendizemos por haverdes remido o mundo com a vossa santa cruz".

Em seguida, o Senhor me deu e me dá ainda uma tão grande fé nos padres que vivem consoante à Santa Igreja romana, por causa do seu caráter, que, se eles me perseguissem, seria a eles mesmos que eu desejaria recorrer.

E depois que o Senhor me deu irmãos, Ele me mostrou que eu deveria viver conforme o Santo Evangelho. E assim o mandei escrever em poucas palavras e com simplicidade, e o Senhor Papa mo confirmou.

Rosas despontadas no inverno, o milagre do pedido de Santa Clara

Em pleno inverno rigoroso em Assis, São Francisco foi visitar Santa Clara em seu mosteiro. A alegria entre os dois era tanta que Santa Clara cobrou de São Francisco seu breve retorno. São Francisco se irritou com a pergunta, pois sabia que fora dos muros daquele pequeno convento ecoava boatos maldosos sobre a relação entre ambos. Irritado com a pergunta, São Francisco respondeu de forma ríspida e gaguejando: "Clara, não tenho ideia, acredito voltar aqui quando o primeiro botão de rosa despontar". Ora, isso seria impossível acontecer em pleno inverno. Eis que Santa Clara chamou uma humilde irmã para vasculhar o jardim à procura de um botão despontado. Enquanto isso, São Francisco se despediu dela e de todas as irmãs. Quando estava para ultrapassar o portão do convento, viu Santa Clara correndo ao seu encontro com um belo sorriso. Estendendo a mão com um rostinho ingênuo, ofereceu a rosa despontada para São Francisco. Ele lhe disse: "Clara, não acredito que você pediu logo para Deus".

Sou um instrumento de Deus
Certa vez um companheiro de São Francisco, Frei Masseo, disse-lhe: "Por que você? Por que é a você, Francisco, que as multidões seguem, que se fascinam com a sua palavra? Você não é inteligente, não é letrado, não é bonito, você não tem uma grande retórica. Por que você?" São Francisco ficou impactado com a pergunta, porque ele levava todas as coisas a sério. Retirou-se para pensar, voltou e disse: "Meu irmão, eu descobri por que a mim. Porque Deus escolheu a pessoa mais vil, mais pequena, mais feia e mais pecadora para mostrar as suas maravilhas".

A caridade acima de tudo, este é o Evangelho
Em um convento franciscano, onde ele estava de passagem, havia 50 frades e uma única Bíblia. Uma mulher pobre chorava na portaria dizendo que seus filhos estavam morrendo de fome. São Francisco pediu que eles entregassem a Bíblia àquela senhora, pois a própria Bíblia manda ajudar os pobres. O guardião do convento reclamou: "Como é que vamos rezar? Como vamos pregar se não temos Bíblia?" São Francisco lhe respondeu: "Preguem o Evangelho que não é um livro, mas Jesus Cristo. Anunciem Jesus Cristo, que não é um livro". Assim, a única Bíblia que tinham no convento foi parar nas mãos de

uma mulher pobre para, depois de vendida, matar a fome de seus filhos.

O Senhor provê o maior dos banquetes

Certo dia, chegando São Francisco e Masseo esfomeados a uma aldeia, foram, segundo a Regra, mendigar pão pelo amor de Deus. São Francisco era um homem de aspecto miserável, de pouca estatura e por isso foi considerado, por quem não o conhecia, como um simples pobrezinho. Portanto, só pode recolher pequenos pedaços de pão seco. Já Frei Masseo, que era alto e de belo aspecto, recebeu em abundância bons e grandes pedaços, recentemente cortados. Depois de mendigarem, reuniram-se para comer, fora da aldeia, num lugar em que havia uma bela fonte e, ao lado, uma magnífica e grande pedra, sobre a qual ambos colocaram as respectivas esmolas angariadas. Vendo São Francisco que os pedaços de pão de Frei Masseo eram mais numerosos, de melhor aspecto e maiores do que os seus, sentiu grandiosíssima alegria, e lhe disse: "Ó irmão Masseo, não somos dignos de tão grande tesouro". Repetiu isso por várias vezes e o irmão Masseo lhe respondeu: "Pai, como é que se pode falar em tesouro num lugar em que é tamanha a pobreza e onde faltam as coisas mais necessárias? Pois não temos aqui toalha, nem faca, nem pratos, nem mesa, nem criado, nem servente?" São Francisco disse: "Justamente por isso, acho um grande tesouro não haver aqui coisa alguma preparada pela indústria do homem; mas o que nos foi preparado pela Divina Providência, como se vê claramente no pão esmolado, nesta tão bela mesa de pedra, nesta tão límpida fonte. E por isso quero que supliquemos a Deus que nos faça amar de todo o coração o nosso tesouro da santa pobreza". Comeram do pão que ali tinham e saciaram sua sede na fonte, temperando a comida e a bebida com piedosos cânticos.

Reconheço quem sou diante de ti
Um dia, muito fraco e muito doente para ir a pé, viajava montado num burro. Ao atravessar o campo de um aldeão, que ali estava trabalhando, este veio ao seu encontro e lhe perguntou se era realmente o Irmão Francisco. E, quando o servo de Deus lhe respondeu com humildade que era de fato o Irmão Francisco, disse o camponês: "Toma cuidado, trata de ser tão bom na realidade como és de fama, pois há muitas pessoas que confiam em ti. Também te aconselho a que nunca faças coisa alguma que possa enganar a nossa esperança". São Francisco, o homem de Deus, apeou-se, postou-se diante do camponês, beijou-lhe humildemente os pés e agradeceu-lhe pelo conselho.

Que posso fazer diante de Deus? O *Cântico das criaturas*!
O sofrimento tornou-se tão insuportável no fim da vida de São Francisco, devido ao seu estado de saúde, que ele rezou: "Não me tire o sofrimento, mas me dê forças para que eu consiga suportá-lo". E assim, orando, entrou em agonia. Nessa agonia ele teve um sonho no qual uma visão lhe dizia com uma voz celestial: "Francisco, se eu transformasse todas as águas em bálsamo, todas as pedras em ouro e prata, você se alegraria?" Ele respondeu: "Sim, meu Senhor, eu me alegraria porque vem de ti!" Então ele tornou ouvir a voz: "E se eu dissesse que a partir de agora você está no Reino de Deus?" Quando São Francisco escutou isso, abriu os olhos e disse: "Estou no Reino de Deus". Mandou chamar um frade e um músico amigo e lhes disse para anotarem e musicarem o poema que ele lhes ditaria:

Altíssimo, onipotente, Bom Senhor,
a ti o louvor, a glória, a honra e toda a bênção.
A ti só, Altíssimo, se hão de prestar culto,
e nenhum homem é digno de te nomear.
Louvado sejas, ó meu Senhor, com todas as tuas criaturas,
especialmente o meu senhor Irmão Sol,
o qual faz o dia e por ele nos alumias.
Ele é belo e radiante, com grande esplendor:
de ti, Altíssimo, ele nos dá a imagem.
Louvado sejas, ó meu Senhor, pela Irmã Lua e as Estrelas:
no céu as acendeste, claras, e preciosas e belas.
Louvado sejas, ó meu Senhor, pelo Irmão Vento
e pelo Ar, e Nuvens, e Sereno, e todo o tempo,
por quem dás às tuas criaturas o sustento.
Louvado sejas, ó meu Senhor, pela Irmã Água,
que é tão útil e humilde, e preciosa e casta.
Louvado sejas, ó meu Senhor, pelo Irmão Fogo,
pelo qual alumias a noite;
ele é belo, e jucundo, e robusto e forte.
Louvado sejas, ó meu Senhor, pela nossa Irmã a Mãe Terra,
que nos sustenta e governa, e produz variados frutos,
com flores coloridas e verduras.
Louvado sejas, ó meu Senhor, por aqueles que perdoam por teu amor
e suportam enfermidades e tribulações.
Bem-aventurados aqueles que as suportam em paz,
pois por ti, Altíssimo, serão coroados.
Louvado sejas, ó meu Senhor, por nossa Irmã Morte Corporal,
à qual nenhum homem vivente pode escapar:

Ai daqueles que morrem em pecado mortal!
Bem-aventurados aqueles que cumpriram a tua santíssima vontade,
porque a segunda morte não lhes fará mal.
Louvai e bendizei a meu Senhor, e dai-lhe graças e servi-o com grande humildade...

O segredo das chagas

Conta a história que São Francisco, depois que recebeu as cinco chagas, decidiu ir ao eremitério de Cortona. Decidira assim para que ninguém soubesse sobre o presente divino que recebera no corpo. Frei Leão se encarregou de chamar Santa Clara e Santa Inês, que aceitaram com carinho e presteza o convite. Até aquele momento o santo usava de muita discrição aonde ia. Somente Frei Leão tinha conhecimento das chagas de São Francisco.

Os desejos do coração de São Francisco

Eis como, certo dia, durante a madrugada – na Festa da Exaltação da Santa Cruz (1224) – São Francisco travou nova luta de fé pelo amor de Cristo Crucificado: "Ó Senhor, Jesus Cristo, peço-vos que me concedais duas graças antes de morrer. A primeira é que eu sinta em minha alma e em meu corpo, tanto quanto possível, a dor por que passastes, ó meu Senhor, durante a vossa amarguíssima paixão. A segunda é que eu sinta em meu coração, tanto quanto possível, o extremo amor em que vos abrasastes, ó Filho de Deus, e que vos levou a aceitar tão terríveis tormentos por nós, desprezíveis pecadores".

Prefiro o que Deus prefere

Tendo um irmão lhe perguntado o que preferiria, se suportar sua longa e cruel enfermidade ou padecer nas mãos de um carrasco, em um doloroso martírio, São Francisco lhe respondeu: "Meu filho, o que sempre me foi e continua a ser mais doce, mais caro, mais agradável, é ver o bom prazer de Deus realizado em mim e por mim. Desejo unicamente corresponder e obedecer à sua vontade".

Compromisso sem desculpas e a adoração ao Santíssimo Sacramento

Se a doença o impossibilitava de ir à igreja, pedia a um padre que celebrasse missa para ele na enfermaria. Quando isso não era possível, pedia que ao menos lessem para ele, no missal, o Evangelho do dia, e assistia espiritualmente ao sacrifício da missa. Dizia ele: "Quando não posso ouvir a missa, adoro o corpo de Cristo na oração e com os olhos do espírito, como quando vou à missa".

A total falta de julgamento e o respeito e submissão aos sacerdotes

Certo dia, São Francisco viajava pela Lombardia (ao norte da Itália), quando todos os habitantes de uma aldeia (clero, leigos e hereges) correram para saudá-lo. Certo homem aproximou-se dele e comentou a respeito de um padre daquela vila: "Diga-me você, que é um homem de bem, como este pastor de almas pode orientar a fé e impor-se ao respeito, quando mantém uma concubina e leva uma vida escandalosa?"

Então São Francisco logo se dirigiu àquele padre, ajoelhou-se aos seus pés, em meio à lama do caminho, beijou-lhe as mãos e disse: "Ignoro se estas mãos estão realmente manchadas; mas, mesmo que estejam, a virtude e a eficácia dos sacramentos que administram não sofrem prejuízo algum. Estas mãos tiveram em contato com o meu Senhor, e, por respeito a

Ele, acato o seu representante. Para ele pode ser mal, mas para mim é bom".

A importância de servir a Deus; o corajoso São Francisco

Frei Leão descreveu as primeiras excursões apostólicas de São Francisco, de quem foi companheiro habitual. São Francisco ia pelas localidades vizinhas de Assis com uma vassoura debaixo do braço. Primeiramente varria a igreja e depois falava ao povo, com palavras de fogo, para fazerem penitência. Terminada a pregação, reunia todos os padres do lugar num ponto afastado, para não ser ouvido pelas outras pessoas. Falava-lhes do zelo pela salvação das almas e recomendava-lhes para que tivessem o cuidado em conservar limpas as igrejas, os altares e todos os objetos que servem para a celebração dos divinos mistérios.

"Ouvi, meus irmãos. Se a bem-aventurada Virgem Maria é honrada como merece, por ter trazido o Senhor em seu seio virginal, se o Bem-aventurado João Batista tremeu, não ousando pôr a mão na cabeça do Homem-Deus; se o túmulo em que esteve algumas horas é venerado, quanto não deve ser santo, justo e digno aquele que o toca com suas mãos, que o recebe na boca e no coração, que dá aos outros a Cristo, não mais mortal, mas eternamente vencedor e glorioso, objeto das complacências dos anjos."

Sob a influência de sua amada esposa, Dama Pobreza, São Francisco pede a Deus para entender a vida dela

A maior graça de São Francisco consistiu em ter se empenhado cada vez mais pela causa dos pobres, mais do que à sua própria causa, e em procurar a pobreza como quem procura o mais precioso tesouro. Certo dia, mandara preparar para seus amigos uma refeição, das mais suntuosas, como de costume. Terminado o banquete, os convidados saíram e percorreram a cidade, cantando. São Francisco, que ia atrás, como o rei da festa, foi visitado pela bondade do Senhor. Parou imediatamente, como que fascinado. Tão grande doçura se espalhou em seu espírito, que não via, não ouvia, não sentia mais nada. Quando voltou a si, os companheiros passaram a caçoar dele: "Em que pensavas?" "Por que não ficaste lá?" "Pensavas em casar?" São Francisco lhes respondeu: "Pensava em casar com a mulher mais nobre, mais rica e mais bela que jamais se viu". Em seguida recebeu muitas zombarias. Mas seus companheiros não puderam compreender que São Francisco não falava de si, mas sobre a inspiração de Deus, porque essa esposa – a mais nobre, rica e bela do que todas – era a verdadeira religião, que tinha a pobreza por ornamento.

Nessa ocasião São Francisco fez uma peregrinação a Roma. Tendo encontrado numerosos mendigos à porta de uma Igreja, pediu emprestado, sem ser notado, a roupa de um deles; já vestido com ela, pôs-se em pé na escada da igreja e começou a pedir esmola. Por fim, tomou novamente sua roupa e voltou a Assis, pedindo a Deus que lhe fizesse conhecer os caminhos da pobreza.

O fiel amor de São Francisco e o dote da Dama Pobreza
Indizivelmente, feliz no amor que tinha pela Dama Pobreza, São Francisco se empenhou com ela pelas novas veredas onde o Senhor o chamava e que sempre lhe devia mostrar mais claramente. Não vestia senão uma camisa e um velho manto que lhe dera um criado do bispo, e sobre o qual traçara, com um pequeno tijolo, a cruz do Tau, brasão da sua cavalaria cristã.

Quando, um dia, os ladrões lhe roubaram o seu pobre hábito, recorreu à caridade de um dos seus amigos de Gubbio, que lhe deu uma roupa de eremita: uma túnica muito curta, um cinto de couro, sapatos e um bordão. Assim vestido, ocupou-se durante dois anos em restaurar igrejas, vivendo de esmolas e de inefáveis delícias com a Dama Pobreza.

Costumava dizer: "À medida que os irmãos se afastarem da pobreza, o mundo se afastará deles; então eles procurarão e não acharão. Mas, ao se ligarem à minha Senhora Pobreza, o mundo os alimentará, porque foram dados ao mundo para sua salvação". Unido à Senhora Pobreza por indissolúveis laços, esperava que ela lhe levasse o seu dote, não nesta, mas na outra vida. Entre os seus versículos sálmicos preferidos estavam os que exaltam a pobreza, como estes: "A paciência dos pobres não ficará perdida para a eternidade" e "Que os pobres vejam e se regozijem", que entoava com o mais fervente amor e a mais viva alegria.

"Ó minha Senhora, santa Pobreza, que Deus te conserve"
Quantas vezes São Francisco saudou a sua cara noiva nestes termos: "Ó minha Senhora, santa Pobreza, que Deus te conserve".

Ao longo dos caminhos elogiava a sua beleza e os seus encantos, e até durante o sono uma visão lhe mostrava a sua venerada imagem. Não, nunca nenhum trovador dirigiu à sua nobre dama cantos mais ousados e mais inflamadas palavras do que São Francisco usou para celebrar, no seu amor ideal de cavaleiro, a Pobreza, rainha de seu coração.

Enquanto viveu neste vale de lágrimas, o bem-aventurado pai [São Francisco] desprezou as vulgares e miseráveis riquezas dos homens e, porque tinha a ambição de atingir ao mais elevado cume, aspirava de todo coração a pobreza. Desde que se deu conta de que o Filho de Deus tinha feito dela sua companheira familiar, desejou unir-se mais estreitamente à sua esposa, não se contentou em abandonar pai e mãe, mas calcou aos pés todos os bens. Conservou-se então castamente abraçando-lhe, não querendo, por uma hora sequer, deixar de ser seu esposo. Ela é – dizia a seus filhos – o caminho da perfeição, o penhor e a garantia das riquezas eternas.

Amigo do pobre, amigo de Deus
Tendo os irmãos perguntado qual a principal virtude que fazia do homem o amigo de Cristo, São Francisco respondeu sem hesitar: "A pobreza, meus irmãos. Ficai sabendo que a pobreza é por excelência o caminho da salvação, pois é a vida da humildade e a raiz da perfeição. Os seus frutos estão ocultos, é verdade, mas são numerosos. É aí que está o tesouro do campo do qual fala o Evangelho, para a compra do qual é preciso vender tudo".

Ó mulher tão bela
Revelou-se um dia a São Francisco o mérito inigualável da pobreza, que lhe apareceu sob a forma de uma mulher de incomparável beleza. Ela usava joias de grande valor, mas estava coberta com um manto sórdido. Essa mulher, belíssima, simboliza a alma de São Francisco: as joias preciosas representavam a imagem das suas virtudes; o manto sórdido mostrava a sua pobreza, guardiã e protetora de todas as virtudes.

A diferença entre um pecador e um justo
São Francisco dizia muitas vezes: "Um pecador pode muito bem jejuar, orar, gemer e martirizar a sua carne. Porém,

uma só coisa é impossível para ele: ser fiel ao Mestre. Devemos nos orgulhar somente em dar a Deus a glória que lhe é devida e de lhe servirmos fielmente, atribuindo-lhe tudo o que Ele nos dá. O maior inimigo do homem é a carne. Ela não sabe olhar para trás para se afligir nem prever o futuro para temer; todo o seu cuidado consiste em abusar do presente. O que é pior ainda: ela se apropria, para com isso se envaidecer, de dádivas feitas não a ela, mas à alma. Recolhe os elogios conferidos às virtudes e atribui a si a glória das vigílias e das orações. Nada deixando para a alma, procura até mesmo tirar vantagem das lágrimas".

A arrogância precede a queda

Dizia São Francisco que, quando os irmãos possuem graças ou virtudes, devem manifestá-las por atos, e não por palavras. "Bem-aventurado o servo que não fala para obter recompensa, que não revela tudo o que tem, que não se dilata em palavras, mas que toma cuidado com elas. Infeliz do religioso que não conserva no fundo do seu coração as graças com que o Senhor o favorece e que não se manifesta ao público senão pela sua vida santa! Infeliz daquele que, para tirar proveito, procura se fazer conhecido pelas suas palavras. Essa será a sua recompensa, e os seus ouvintes pouquíssimos frutos colherão disso."

Por isso São Francisco dirige a seus irmãos esta comovente exortação à humildade: "Conjuro, na caridade de Deus, a todos os meus irmãos que pregam, oram e trabalham, os clérigos e os leigos, conjuro-os a que tratem de se humilhar em tudo, de não se desvanecer, de não se regozijarem, de não se entusiasmarem interiormente com seus belos discursos e as suas belas obras nem com o que quer que seja operado, dito e feito algumas vezes por Deus neles e por eles, pois o próprio Senhor diz: 'Pelo fato de lhes estarem submissos os espíritos não façais motivo de alegria'. E fiquemos sabendo que não temos coisa alguma que nos seja própria, senão os nossos vícios e pecados. E antes de tudo devemos nos regozijar quando estivermos expostos às diversas tentações e quando sofremos na alma e no corpo toda espécie de angústias e de tribulações deste mundo, pela vida eterna. Acautelemo-nos também, meus irmãos, com toda a espécie de orgulho e vanglória... Oferecemos todos os bens ao altíssimo e soberano Senhor; reconheçamos que todos eles lhe pertencem e demos graças a Ele, de quem procede todo bem".

Sejamos humildes, pois esta é a vontade de Deus
São Francisco recomendava muitas vezes aos superiores a prática da humildade. Dizia ele: "É bom e agradável a Deus que cuidemos uns dos outros. No entanto, só devem assumir a direção dos homens aqueles que em nada procuram para si mesmos, mas desejam, sempre e em tudo, cumprir a vontade de Deus; que nada colocam acima da sua salvação; que não esperam aplausos dos seus súditos, mas progresso; que não ambicionam as honras diante dos homens, mas a glória diante de Deus; que não correm ao encontro da dignidade, mas as temem; que, havendo-as recebido, não se envaidecem delas, mas se humilham, e que, privados delas, não se afligem [...]. Aqueles que estão destinados a governar os outros não se vangloriem da sua superioridade mais do que se estivessem encarregados de lavar os pés dos irmãos; e se ficam mais incomodados com a perda da autoridade do que com a perda do ofício de lavar os pés, a salvação da sua alma ficará comprometida e em perigo..."

São Francisco também dizia: "Ai do religioso que é elevado em dignidade pelos irmãos e que não quer mais descer! Feliz, ao contrário, do servo que não ocupa o cargo de superior por sua própria vontade e que deseja continuamente estar aos pés dos outros [...]. Feliz aquele que for tão humilde no meio dos seus súditos como no meio dos seus superiores".

Somos e sempre seremos irmãos menores
Um superior do clero perguntou a São Francisco: "Por que não fazer dos vossos irmãos bispos e prelados, para que sejam para os outros um ensinamento e um exemplo?" "Senhor [respondeu São Francisco], meus irmãos foram chamados 'menores' precisamente para que não procurem se tornar maiores. A sua vocação destina-os a viver em condição baixa, a seguir a humildade de Cristo; e é assim que eles haverão de se elevar, sob a proteção dos santos, mais alto do que os outros, se quereis que eles deem frutos na Igreja de Deus, mantendo-os e conservando-os no estado da sua vocação. No caso de se elevarem, fazei com que desçam, mesmo contra sua vontade. E também peço ao meu Pai para impedir que se tornem tanto ou mais satisfeitos quanto mais pobres forem, e que, se desprezarem os outros, peço que lhes proibais o acesso às dignidades".

Primeiramente a humildade plena
Tendo os irmãos aconselhado São Francisco para que obtivesse do papa autorização para pregar em qualquer parte, sem precisarem pedir permissão aos clérigos locais, São Francisco os repreendeu, dizendo: "Vós, irmãos menores, não conheceis a vontade de Deus, e não me deixais converter o mundo inteiro, como Deus quer. Porque primeiramente desejo, pela santa humildade e respeito, conquistar os próprios prelados. Quando

tiverem reparado em nossa santa vida e no humilde respeito que por eles temos, eles mesmos vos pedirão que pregueis ao seu povo e os convertais, e os chamarão à vossa pregação, o que é muito melhor do que se a eles pregassem segundo o privilégio que pedem, que vos conduziria ao orgulho".

Isto pertence a quem de direito
Quando São Francisco regressou do Oriente Médio tinha como companheiro o Irmão Leão. Exausto pela viagem, utilizou-se por algum tempo de um burro, no qual veio montado.

Ora, o seu companheiro, que o seguia, também muito fatigado, disse consigo mesmo com certo descontentamento: "Os meus pais e os seus não ocuparam a mesma situação; e, no entanto, é ele que vai montado e sou eu que vou a pé tocando seu animal".

De repente, São Francisco apeou do animal e lhe disse: "Não, meu irmão, não convém que eu vá montado, quando tu vais a pé; pois, no século [quando não eram irmãos religiosos], eras tu mais nobre e mais rico do que eu". Dito isso, obrigou Leão a montar no burro.

Uma religião e uma santidade de espírito
"Meus irmãos [dizia São Francisco], evitemos a sabedoria deste mundo e o que vem da carne. O espírito da carne prefere palavras e pouco cuida de seus atos; não se ocupa de uma religião e de uma santidade interior do espírito; deseja e quer uma religião e uma santidade de aparência. É dele que o Senhor diz: 'Em verdade eu vos digo: eles já receberam a sua recompensa'. Procura a humildade e a paciência, a simplicidade, a verdadeira paz do espírito, e, antes de tudo, deseja o temor a Deus, a sabedoria divina e o amor do Pai, do Filho e do Espírito Santo.

E ainda: não sejamos sábios e prudentes segundo a carne, mas, antes, sejamos simples, humildes e puros."

Dizia São Francisco sobre a simplicidade da pomba e a prudência da serpente (Mt 10,16)
"Quero que meus irmãos sejam discípulos do Evangelho, que progridam no conhecimento da verdade, de modo a possuírem uma simplicidade perfeita e não separem a simplicidade da pomba da prudência da serpente; pois o nosso Mestre por excelência uniu essas duas virtudes nos seus sagrados ensinamentos."

Revelar afabilidade
Certo dia São Francisco, ao ver um de seus companheiros com aspecto triste e melancólico, disse-lhe com certa rudeza: "Não convém que um servo de Deus dê aos homens a aparência de tristeza ou de inquietação; mas, pelo contrário, o de constante afabilidade. Examina as tuas ofensas em tua cela e, diante de Deus, chora e geme. Depois, ao voltares para junto de teus irmãos, deixa que fique lá a tua tristeza e toma o mesmo aspecto dos demais". Voltando-se para os demais, acrescentou: "Os que têm inveja da salvação dos homens me odeiam muito; e porque não chegam a tirar-me a alegria, esforçam-se por perturbar os meus companheiros".

Consolo ao Irmão Corpo
São Francisco, gravemente doente dos olhos, chamou um de seus companheiros que fora tocador de cítara e lhe disse: "Peço que, em segredo, tomes uma cítara emprestada e improvise diante de mim um belo cântico; será uma consolação para o meu Irmão Corpo, que sofre tantas dores".

Quanto maior a tentação, maior a consideração

São Francisco sabia o quanto as tentações e as provas contribuem poderosamente para o progresso espiritual. "Assim, tomava arduamente a tarefa de convencer seus irmãos desta verdade. A um deles, que andava às voltas com violentas tentações, São Francisco recomendava orações, dizendo: 'Acredita, meu filho, que eu te considero, por esse motivo, como um dos melhores servos de Deus, e que, quanto mais és tentado, mais caro me és também. Em verdade te digo: Ninguém deve julgar-se servo de Deus se não passou pela tentação e pela tribulação'".

São Francisco mostra que o mais pobre é o mais rico

Um dia, em Colle, condado de Perúgia, São Francisco se encontrou com um homem pobre, a quem conhecera antes de sua conversão, e disse-lhe: "Irmão, como estás?" O outro, com ódio no coração, amaldiçoou quanto pôde o seu senhor, que lhe tirara tudo quanto possuía. Dizia o pobre homem: "Por única e exclusiva culpa do meu senhor – que Deus todo poderoso o amaldiçoe –, é que me acho neste triste estado". São Francisco, vendo-o persistir naquele ódio mortal, teve piedade de sua alma, ainda mais do que do seu corpo, e disse-lhe: "Irmão, pelo amor de Deus, perdoa o teu senhor para salvares tua alma". E o homem respondeu: "É absolutamente impossível perdoar-lhe se não restituir o que me tirou". O bem-aventurado Francisco, que trazia um manto sobre os ombros, disse-lhe: "Toma, eu te dou este manto, e te peço que perdoe ao teu senhor pelo amor de Deus". Enternecido e desarmado com esse favor, o pobre tomou o manto e perdoou a injustiça recebida.

O que prefere? A paz do presente
São Francisco trabalhava em uma olaria atrás da capela do Convento de Santa Maria construindo um vaso que se aproximava à perfeição. Trabalhando por muitas horas fazendo e desfazendo, alguns momentos se irritava por não conseguir alcançar o que queria. Chegada a ora da oração, a inquietude tomou conta dele porque não conseguia rezar diante do Santíssimo. O pobre homem de Deus também não estava conseguindo se concentrar nas coisas mais simples e cotidianas de sua vida. Então tomou uma decisão: foi à olaria e quebrou o vaso, retornando à sua tranquilidade.

O mestre disse: Deixai vir a mim as criancinhas
O Santo de Deus estava a caminho de Roma quando se deparou com um pequeno grupo que também seguia viagem. Aceitando o convite para companhia, se juntou ao grupo. Durante o percurso, São Francisco se alegrava ao ver as crianças jogando e brincando enquanto caminhavam. Chegando na cidade, foram à Igreja de São João do Latrão. Todos impressionados com a casa de Deus, repreendiam as crianças, ordenando que ficassem quietas. São Francisco, ao ver aquela cena, disse: "Acalmem o vosso coração. Estas crianças não têm nada a ver com a vossa inquietação. Elas davam testemunho de que a alegria que povoava os seus corações no caminho não tornava a caminhada torturante e amarga. Elas agem naturalmente na casa de Deus, e fazem o jardim do Senhor. Ensinai-as a rezar e se alegrarem por terem chegado à casa de nosso Pai Supremo. Sede misericordiosos como vosso Pai é misericordioso. Repito as palavras do Mestre: 'Quem acolhe uma dessas crianças me acolhe, quem me acolhe está acolhendo o Pai'".

Se Deus confia, devemos fazer o mesmo

Um homem de aparência rude e grosseira gritava na rua para os quatro ventos: "Dou minha fortuna para quem provar que Maria mãe de Jesus é um Deus". São Francisco passava naquele momento diante do homem e, ao escutar sua incredulidade, disse: "Pobre homem, não vês que este escândalo todo vai colocar tua imagem a perder?" O homem então disse a São Francisco: "Vocês fazem adoração a uma mulher que não é Deus!" São Francisco, com toda a calma, disse ao homem: "Você que é amigo de Deus também é meu amigo, porque somos todos criaturas de um só criador. Maria também é uma criatura como nós. Deus enviou um anjo a essa mulher e lhe fez ser a mãe do nosso Salvador. Se Deus acreditou em Maria, quanto mais eu, que sou criatura, que devo amar a Deus sobre todas as coisas?! Lembre-se que não foi você e nem eu quem mandou um anjo a Maria, mas o próprio Deus! Ela não é Deus, mas uma criatura que Deus amou e escolheu. Quanto às escolhas de Deus eu não questiono, pois o próprio Filho revelou aos apóstolos que Deus é quem escolhe aquele que fica a sua direita ou a sua esquerda. Convido a entrarmos na Igrejinha de Santa Maria e oferecermos as intenções por todas as almas que precisam de salvação". Mais calmo, o homem seguiu o santo.

Nem por todo o dinheiro do mundo...

Um casal da nobreza italiana decidiu ir até Assis para conhecer São Francisco. Estava admirado por ouvir sobre os feitos notáveis desse homem, Santo de Deus. A viagem longa e cansativa deixou-o exausto, porém a ânsia para ver São Francisco era maior ainda. Ao chegar a Assis o casal foi informado que São Francisco estava em Rivotorto – uma região próxima – cuidando dos leprosos. Por insistência da mulher, o nobre homem decidiu ir àquele lugar. Ao entrarem em uma casa, viram muitos leprosos em condições horríveis e as instalações que beiravam a precariedade. De repente, notaram um homenzinho que lavava as feridas de um leproso e contava histórias agradáveis com um belo sorriso no rosto, como se nada pudesse abalá-lo. Seu rosto transmitia a serenidade da alma. Assim, deduziram que aquele deveria ser São Francisco. Porém, aquele nobre, indignado pela precariedade do local, disse: "Nem que me dessem uma quantia enorme de dinheiro eu faria o serviço que este homem está fazendo". São Francisco, interrompendo seus cuidados com aquele doente, respondeu-lhe: "Eu também não. Toda a riqueza deste mundo não me faria cuidar destes irmãos. Minha maior e única motivação é Deus".

Pregando pelo exemplo

Certa vez, São Francisco levou um noviço com ele para pregar em Assis. Mas ao chegarem, ele apenas conversou com uns vendedores e algumas pessoas da rua. Ao voltar para casa, o noviço lhe perguntou por que ele não tinha pregado. Ao que o Pai Seráfico respondeu: "As pessoas ouviram ao observarem nossa atitude e comportamento, essa foi nossa mensagem". Mais tarde São Francisco pediu que partissem para pregar o Evangelho a todas as criaturas, e que se fosse necessário usassem as palavras.

A gota de água

Um jovem perguntou a São Francisco: "É possível chegarmos a ser santos, mesmo na condição de pecadores que nós somos?" Em resposta, São Francisco contou esta história: "Havia uma gota em uma nascente do rio. Era uma simples gota, nada mais do que isso. Mas, na sua insignificância, tinha um sonho: após vencer a correnteza, virar mar! Era difícil, sabia ela, porém não impossível. Agarrando-se a esse fio de esperança, seguiu o curso natural do rio, sempre pensando no dia em que certamente encontraria o oceano. Desafios foram surgindo: pedras, evaporação, galhos... Mas não desistia. Outras gotas que partiram com ela não chegaram ao fim, ficaram pelo caminho. Esta, porém, talvez por sua persistência, pela fé que possuía, de uma forma ou de outra, sabia que um dia chegaria lá. E de fato aconteceu. Venceu todos os obstáculos, chegou ao encontro das águas e, finalmente, realizou seu grande sonho. Hoje aquela gota é mar! Graças à sua persistência, conseguiu o que era considerado uma utopia, uma pretensão".

Raimunda Gil. *Histórias para refletir*.

Seja você o milagre

Uma mulher, irritada com seus parentes, foi se queixar deles com São Francisco: "Eu não aguento mais; meus parentes me pedem muitas coisas. Resolvo todos os seus problemas e eles nem me agradecem. Fico cansada por isso e eles nem se incomodam com isso". Então o Pobre de Deus a aconselhou: "Deixe-os pedir quantas vezes quiserem, acolhendo com amor e carinho os seus problemas". A mulher não entendeu as palavras do santo e passou a olhar de "cara feia" para ele, que completou: "Tens um coração bom, e eles só podem vir a ti porque encontram a vontade de Deus em tua pessoa. Mesmo que seja exaustivo e não recebas nada em troca, assemelhas muito a Nosso Senhor, que é misericordioso. Lembra-te de que Ele faz o sol nascer tanto para o homem bom quanto para o homem mau. No mundo, todos esperam um milagre, e se puderes fazê-lo em nome de Deus, então faz".

Em tudo, a última palavra será tua!

Um grupo de fiéis de uma igreja no Vale de Rieti veio ter com São Francisco a respeito de um homem que os incomodava: "Ele não nos respeita, quer mandar em tudo, passa por cima das decisões da comunidade!" São Francisco ficou impressionado com a raiva que saía de cada coração ali presente, sendo que muitos se exaltavam com palavras ofensivas.

Fazendo-os sentar pediu calma, dizendo: "Agora que ouvi todos vós apresentarem vossas queixas, deixai-me clarear a situação. Os sentimentos não são a última palavra dentro de nós. Eles revelam a situação-limite a que chegamos. Precisamos entender que não podemos controlar os nossos sentimentos, como também o nosso futuro e o comportamento das pessoas, e que a resposta sempre deverá ser nossa! Nosso Senhor disse: 'Quem quiser me seguir, pegue a sua cruz e siga-me'. E esta é a resposta que todos vós deveis dar todos os dias. Se ele não quer mudar, não insisti, mas amai mais do que serdes amados; compreendei mais do que serdes compreendidos; consolai mais do que serdes consolados, pois é dando que recebereis, é perdoando que sereis perdoados. Morrei por esse irmão em troca da vida eterna".

A simples face do amor

"O que está fazendo, Francisco?" "Estou vendo o amor." "Onde?" "Ali, naquele cantinho, com toda a sua beleza". "Ora, aquilo é simplesmente uma borboleta numa flor". "Pois, para mim, é a bela imagem do amor".

Dúvida ou incerteza?

Um jovem noviço franciscano tem notícia de que São Francisco visitaria o noviciado. Ele estava sendo bombardeado por dúvidas em sua vocação e não havia quem pudesse ajudar, pois os muitos conselhos que recebera eram refutados pelas dúvidas em seu coração. São Francisco, ao entrar no convento, como de costume caminhou para a capela. O jovem foi ao seu encontro e disse: "Pai Francisco, preciso de teus bons conselhos, pois penso que não há outro na terra que me possa ajudar a vencer minhas dúvidas". Antes que o jovem expusesse suas dúvidas, São Francisco, interrompendo-o, disse: "Dúvidas não pertencem a um coração cristão, pois elas nos dividem e ferem a fé que temos em Nosso Senhor. Já a incerteza de que irei ou não realizar a vontade de Deus, essa me abastece pela fonte de vida que Ele próprio inspira dentro de mim. Vá rezar, e quando a certeza de que está no caminho do Senhor entrar em teu coração as dúvidas não mais existirão".

Conhecer-me para vencer

Certo dia, São Francisco caminhava à beira de um rio de cabeça baixa quando se deparou com uma jovem que, cabisbaixa, chorava por ter brigado como os pais. Ela dizia estar irritadíssima consigo mesma, pois não sabia que havia tanta fúria dentro de si. São Francisco lhe aconselhou dizendo: "A raiva é uma força que vem do nosso interior e que, por controlarmos tantas coisas, achamos que podemos fazer o mesmo com ela. Olha para o rio e vê que os redemoinhos formados no seu curso são incontroláveis. A única forma de responder melhor à raiva é não se entregar a ela, pois mesmo que a sinta em teu coração, se começares a gritar com o outro não há como parar; então o que nos resta é evitar iniciar a discussão. Faz isso e descobrirá que essa energia incontrolável precisa somente seguir seu curso. Você não precisa vencer o outro, mas a si mesmo".

"A ingratidão está no coração, somente não a use, pois não fará bem algum"

Enquanto São Francisco colhia uvas no parreiral, vieram ao seu encontro dois jovens frades. Estavam atônitos por causa das palavras que acabaram de ouvir de um incrédulo na porta da igreja. Disseram eles: "Pai Francisco, esse homem dizia a todos em voz alta que foi batizado há 40 anos e que havia participado de muitas missas, ouvido mais de mil homilias, que não lembrava muito das palavras dos padres, e que tudo isso foi perda de tempo". São Francisco, olhando com carinho os irmãos, parou para pensar e logo lhes disse: "Irmãos, não deixeis que essas palavras vos escandalizem. Nós nascemos de mulher, que, com amor, nos nutriu a vida inteira, até alcançarmos a idade dos nossos destinos. Não lembramos das refeições que ela nos preparou, mas sabemos que fomos nutridos a cada momento para suportar e superar as adversidades do tempo. O mesmo acontece com a Palavra de Deus. Ela nos alimentou e nutriu até chegarmos aqui, e nos propõe ir mais além. A ingratidão está no coração; somente não a use, pois não fará bem algum".

O bom conselho

Três moças vieram ter com São Francisco. Elas o admiravam pela simplicidade de vida, o modo que varria as igrejas e o longo tempo que se dedicava à oração. Elas lhe disseram: "Francisco, queremos entender o sentido da oração. Nós somos pequenas damas que temos de aprender a costurar, dar esmolas aos pobres e rezar muito, mas não sabemos qual é a importância da oração". O Pobre de Deus, com um sorriso terno, sentou na relva ao lado delas, olhou para o céu durante alguns instantes e, voltando-lhes os olhos, disse: "Amadas filhas de Deus, rezar é um trabalho, um ofício sagrado. As pessoas consagradas exercem com muito afinco esse ofício. É preciso amar e deixar o sentido de orar ser o sentido de viver. Nós acreditamos em Deus. Se Ele faz milagres, então rezai, porque no mundo todos esperam um milagre de Deus. Aprendei a amar as pessoas através da oração, recordando-se de todos os que conseguirdes recordar e também de todos os outros. Aprendei a amar sem limites por meio da oração. Sejai mais íntimas de Deus, que é Pai. Se Ele vos visita, só vos resta abrir as portas de vossos corações. Se Deus vos confiou rezar, por que então não fazer?! Deus realmente confia em vós e em vossa oração. Também confiai em Deus".

Escutar atentamente de onde vem o perdão

São Francisco foi convidado a pregar em uma pequena igreja no Vale de Riete. Ao chegar, ouviu muitos moradores falando mal uns dos outros. Ali reinavam muitas queixas, e aqueles corações estavam bombardeados pela raiva e pela ira. São Francisco ficou perplexo com aquilo e começou a rezar para que o Espírito Santo o iluminasse. Os moradores começaram a se mover em direção à igreja para ouvir o Pobre de Deus. Os sinos soavam alto e de forma estridente, de tal forma que irritava muitos que nem queriam estar ali, sentados ao lado daqueles que lhe provocaram a ira. Corações inflamados, reunidos em um único lugar. "Irmãos", começou São Francisco, "Deus propõe o perdão e a reconciliação. Muitos corações sofridos se encontram aqui. Quem são os culpados? Só posso dizer que todos nós somos os culpados de não nos arrependermos e voltarmos ao amor de Cristo. Perdoai, porque Deus é quem pede o vosso coração. Quando nos tornamos egoístas começamos a expulsar as pessoas de dentro de nós, e dizemos que não há mais espaço para ninguém. Por favor, voltai os vossos olhos e ouvidos para o vosso interior, pois lá está Deus. Como diz o salmista: 'Deus habita no coração do homem'. Lá onde Deus mora, no mais profundo do vosso interior, Ele dirá a cada um de vós: 'Perdoa teu irmão'. Quando perdoardes de todo o coração, Deus vos mostrará que há espaço para muitos dentro de vós, e assim podereis receber mais e mais o vosso irmão". Ao terminar a pregação São Francisco, abrindo os olhos, viu uma multidão em prantos se abraçando e transmitindo a paz que vem de Deus.

Escuta o que vai se tornar tão valioso
São Francisco foi visitar um casal de amigos. Esse casal não tinha filhos e o marido era o prefeito da cidade. Ambos nutriam grande admiração pelo Pobre de Deus, que os aconselhou a viver mais no Espírito de Deus. São Francisco notara que o prefeito mantinha um comportamento inóspito e rude com a esposa, como também com aqueles que trabalhavam com ele. Era um comportamento muito impróprio a um casal. São Francisco disse para ele: "Homem, tome cuidado com a tua forma de viver, pois mostras que Deus não tem lugar em tua vida. O pássaro se alimenta das formigas em um tempo, mas depois são as formigas que se alimentam do pássaro, quando ele morre. Em determinada hora tua condição te favorece, outra hora o tabuleiro da vida gira. Cultive dentro de tua casa, com tua esposa, uma vida espiritual. Comprometa-se a viver de tal forma que a tua caminhada com Deus seja rumo à santidade. Que a humildade reine no teu coração". Enquanto deixava a casa, São Francisco notou uma leve e repentina mudança no comportamento do casal.

A vida sem amor não tem sentido
Um homem foi visitar o sábio São Francisco para um conselho. Confidenciou-lhe que já não amava mais sua esposa e pensava em se separar.

O sábio santo o escutou, olhou diretamente em seus olhos e disse-lhe apenas uma palavra: "Ame-a!", e se calou. Então o homem insistiu com São Francisco que já não a amava mais. "Ame-a", disse-lhe novamente o sábio São Francisco.

Diante do desconcerto do homem e após um breve silêncio, São Francisco explicou: "Amar é uma decisão, não um simples sentimento. Amar é dedicação e entrega. Amar é um verbo, e o fruto dessa ação é o amor". E continuou: "O amor é um exercício de jardinagem: arranque o que faz mal, prepare o terreno, semeie, seja paciente, regue e cuide. Esteja preparado porque haverá pragas, secas ou excesso de chuva, mas nem por isso abandone o seu jardim. Ame seu par, ou seja, aceite-a, respeite-a, dê-lhe afeto e ternura, admire-a e compreenda. Isso é tudo: Ame!"

Raimunda Gil. *Histórias para refletir.*

Seráfico Pai
Conta a lenda que uma vez, em sonho, Frei Masseo foi arrebatado aos céus e conduzido por um anjo a um grande salão, composto de alguns tronos ao redor de uma mesa de ouro com belos candelabros. O anjo lhe fez visitar trono por trono e parou diante de um mais suntuoso do que os outros. Olhando para Masseo, o anjo lhe perguntou se ele saberia de quem era aquele trono. E o humilde frade respondeu: "Não tenho a mínima ideia". E o anjo, depois de um pequeno sorriso, revelou ao jovem frade que pertencia ao Anjo de Luz, e que agora era dado a um santo homem que chegou à semelhança do

Anjo de Luz, chamado São Francisco. É por isso que o Santo de Deus é reconhecido como Seráfico Pai.

Na constelação, a proteção de São Francisco
Durante um passeio, um garoto viu dois frades que jogavam no chão algumas pedras, e à medida que faziam isso o garoto notou que olhavam para o céu. Perturbado com os gestos daqueles frades, o pequeno garoto decidiu perguntar qual era o sentido de tudo aquilo: "Olá, bons frades, me deem a vossa bênção... E que mal pergunte, qual é o motivo de estarem sentados ao chão jogando pedras? Por acaso é uma brincadeira que eu também possa participar?" Os frades, com uma enorme gargalhada, ficaram admirados com o ingênuo raciocínio do garoto, e um deles lhe disse: Pequeno amigo e irmão, estamos marcando a verdadeira distância entre a Ursa Maior e a Ursa Menor [as estrelas]". O outro frade continuou a falar: "Nossa Senhora, a Virgem Maria, é reconhecida como a Ursa Maior, a qual aponta o Norte para aqueles que se encontram perdidos. Ela orienta a direção, enquanto que a Ursa Menor faz a proteção da Ursa Maior. São Francisco é comparado à Ursa Menor, fazendo a proteção da Virgem Santíssima".

Todos somos livres diante de Deus
No meio da floresta, o Santo de Deus caminhava tranquilamente quando se deparou com um pequeno garoto que havia pego dois passarinhos e ia em direção à feira da cidade para trocá-los por mantimentos. São Francisco parou e dialogou com afabilidade e atenção sobre a ação do garoto: "Pequeno irmão, vejo que trazes contigo dois passarinhos e quero saber o que farás com eles". O garoto respondeu: "Vou ao mercado trocar por alguma coisa, e se tiver sorte posso até vendê-los!" São

Francisco então disse: "Pequeno irmão, vejo que a tua situação não é simples, mas temo pelos nossos irmãozinhos; eles perderão a liberdade. Tão pequenos e frágeis, somente alguém que tenha um porte maior do que eles seria capaz de capturá-los". E o garoto respondeu: "Mas sem eles não terei nada e voltarei de mãos vazias para casa". São Francisco: "Amado irmão, todos somos filhos de um só Deus, e o que é de nosso Pai pertence a todos nós. A liberdade de teus irmãos não depende de você ser dono deles, mas de tua reflexão. O mais importante não é ter, mas dar para receber. Dê a liberdade que tirou e receberás a gratidão de quem voltou a ser o que é". E o garoto questionou o santo como ele ficaria. E São Francisco lhe disse: "Comprarei um e te ensinarei a dar liberdade ao outro". Os pássaros, livres, fizeram festa sobre a cabeça de São Francisco e o garoto retornou feliz para casa.

Torne tua vida angelical

Em uma conversa fraterna no Convento do Monte Alverne, São Francisco alertava seus irmãos a respeito de uma conduta de vida singular e exemplar. "Nós temos que ser mais santos por causa de Nosso Senhor. Ele nos faz mensageiros de sua vontade. Por isso devemos ouvi-lo mais e sermos mais delicados com as coisas deste mundo. Precisamos transmitir aos outros todo o amor que sentimos por Deus. Amai as pessoas de coração e deixai o carinho ser morada em vosso ser. Não alimentai aborrecimentos e confusões, mas dizei por vossa vida o quanto Deus ama o próximo. Sejais mensageiro da boa-nova de Jesus. Se os anjos são os mensageiros de Deus, tornai vossa vida angelical. Quanto mais fordes mensageiro de Deus nesta terra, mais semelhantes aos anjos ficareis."

Deus se faz criança para nos unir
Santa Clara de Assis decidiu ir à missa na Basílica de São Rufino. Enquanto caminhava pelas ruas e vielas da cidade se deparou com muitas crianças brincando. Impressionada com uma delas que parecia muito pequena diante das outras, lhe perguntou: "Do que vocês estão brincando?" Abraçando seu pescoço e colocando a mão em forma de concha entre sua boca e o ouvido de Santa Clara, sussurrou: "Pique esconde". Santa Clara, com a sua afabilidade, disse-lhe: "Eu também quero brincar!" A criança falou: "Se esconda comigo!" Clara abraçou a pequenina, cobrindo-a com seu hábito: "Aqui ninguém vai nos achar". Passados alguns segundos Santa Clara sentiu um leve cutucar nos ombros e ouviu um grito: "Achei!!!!" Inesperadamente viu São Francisco, que inflamou seu coração. Santa Clara então lhe perguntou: "Onde está a criança que se escondia?" Ele lhe respondeu: "Deus é capaz de se fazer criança para nos unir".

Os vestígios de Deus para São Francisco
Sentado na relva sobre o Monte Subásio, São Francisco olhava estupefato para a beleza da criação: "Sim, não tenho dúvidas de que o Senhor existe! O Irmão Vento vem em forma de brisa aliviar o calor que o Irmão Sol gerou no meu rosto. A grama verde, minha irmã, orna o campo e acaricia minha alma com a sua paz. A Irmã Abelha com todas as suas outras irmãs enfeitam com suas cores, formando um belo trabalho harmônico, este belo jardim do Senhor. Há muito o que contar, mas o pouco com Deus já me basta".

Esta é a minha resposta
Um irmão da comunidade pergunta a São Francisco: "Frei Francisco, diga-me: O que pensa do teu pai?" São Francisco

respondeu: "Ele foi dado por Deus para que o honre em minha vida; eu gosto muito dele. Deus colocou nele bondade suficiente para me criar e educar; meu pai casou-se com minha mãe e desejou minha vida..." Mas, enquanto São Francisco falava, o frade, intrigado com o que ouvia, cortou a fala do santo, perguntando: "Que estranho... pois, as histórias que ouvimos por aí são as de que teu pai te persegue, pragueja contra ti, sempre faz ameaças..." São Francisco então lhe respondeu: "Irmão, recorda a pergunta: 'O que penso de meu pai', e não o que ele fez ou deixou de fazer. Deus me deu um pai para honrá-lo. Portanto, Deus confiou-me a ele, mas não posso negar que Deus também o confiou a mim. Muito me alegro, porque as pessoas são um presente de Deus. Cabe a cada um ser esse presente na vida dos outros. Muitos podem pensar e dizer sobre o que meu pai fez; porém, para mim, ele é o que eu digo de coração. Eu não imagino meu pai, mas colho o que há de melhor dele em meu coração. Posso ver a maldade em tudo, mas no início não era assim. Por isso prefiro conviver mais com o início: 'Deus criou tudo e viu que era bom'. As pessoas se tornaram ruins, mas nem sempre foi assim. Cabe a nós entender que a bondade é eterna e sem fim. Honra pai e mãe e terás longevidade".

No mundo todos esperam um milagre de Deus; se tu podes fazer, então faça

São Francisco e um pequeno grupo de frades desceram de Assis até a Igreja Santa Maria dos Anjos (*Porziuncula*) para rezarem. Enquanto iam pelo caminho Frei Ângelo discursava sobre a beleza do bosque de Assis e suas inúmeras espécies de animais. Ao chegar à igrejinha se encontraram com uma família em viagem que se despedia da cidade, agradecendo a proteção de Deus pela ação intercessora da Virgem Maria. Os frades entraram na pequena igreja e iniciaram as orações. Depois de alguns instantes um aldeão que trabalhava pelas redondezas da *Porziuncula* começou aos gritos anunciar um incêndio no bosque. São Francisco e os companheiros se levantaram apressadamente. O incêndio começou pela falta de atenção da família, que não havia apagado completamente o fogo que havia feito para passar a noite. Diante da gravidade da situação, São Francisco decidiu separar as funções aos frades: Frei Rufino e Frei Celestino iriam em busca de água junto com o aldeão, Frei Tiago e Frei Marcelo cuidariam dos pássaros, Frei Marco correria até a cidade em busca de ajuda e divulgaria o fato. Frei Rômulo e Frei Felipe cuidariam dos animais quadrúpedes, enquanto ele e Frei Masseo iriam cuidar das serpentes e dos animais que rastejam. Frei Masseo não entendeu a posição de Frei Francisco e perguntou: "Por que salvarmos as cobras se elas são animais asquerosos, venenosos e que levam medo a todos?" São Francisco lhe respondeu: "Irmão, essas serpentes podem ser o que forem, mas não as salvamos porque elas são asquerosas, venenosas e levam medo a todos, mas porque somos filhos do Criador e lutamos para ser misericordiosos como Ele. Se teu coração é bom, por que deseja a maldade? No mundo, todos esperam um milagre de Deus; se tu podes fazer, então faça. Não mude tua natureza boa por causa do outro; nada te impede de ser bom senão tu mesmo".

Três jovens e o Espírito Santo
Três jovens perguntaram a São Francisco: "Frei Francisco, a Palavra diz 'Enchei-vos do Espírito Santo'. Mas como se faz isso?" São Francisco lhes entregou uma peneira e disse: "Vão até o rio e encham essa peneira com água. Quando conseguirem vocês terão a resposta". Os três jovens foram, um tanto

quanto duvidosos. Chegando ao rio, eles tentaram, mas não conseguiram. Dois deles disseram: "Aquele frei está louco! Vamos embora, senão ficaremos o dia todo aqui".

Horas mais tarde São Francisco foi até aquele rio e encontrou apenas um dos jovens que mergulhava a peneira e a levantava repetidas vezes. Ao ver o santo ele disse meio triste: "Ah, Frei, quando eu mergulho a peneira no rio ela fica cheia, mas quando tiro, ela esvazia! Então São Francisco disse: "Esta é a sua resposta, meu jovem! Você só poderá ser cheio do Espírito Santo enquanto permanecer mergulhado nele!"

Acalma teu coração e recorda quem tu és
São Francisco foi a uma missa celebrada na Catedral de São Rufino. No Evangelho ouviu esta passagem: "Ide pelo mundo e fazei todos meus discípulos, batizando-os em nome do Pai e do Filho e do Espírito Santo..." Ao sair da igreja, quando descia pelas ruas de pedra cheias de casas enfeitadas de flores de variados tons, encontrou um pequeno grupo de jovens que discutiam entre si. Um deles reclamou com São Francisco: "Que direito ele tem de me humilhar publicamente?" São Francisco respondeu: "Calma, filho! Nenhum direito temos sobre o outro a não ser o que o Senhor Jesus nos autorizou: 'Amai-vos uns aos outros como eu vos amei'". O jovem, sem refletir, disse: "Isso não é justo, pois sairei humilhado por conta da ignorância do outro". São Francisco então respondeu: "Eu não disse para teres calma? Aquieta teu coração, pois o orgulho ferido está falando mais alto. Lembra-te de que todos aqui são batizados. Discípulos de Cristo devem se comportar como tal. Não deixa a ira dominar teu coração. 'Se receberes um tapa na face, dê a outra'. Chegou a hora de aquietar o coração e assumir para valer quem tu és. O perdão é a tua morada. Humilha-te e obterás

vantagem maior para conquistar um coração humilde em busca do Reino dos Céus. Agora escuta atento! Dá testemunho de quem tu és, do Evangelho vivido em tua própria carne, pois pode ser que o teu irmão não tenha outro modo de ler e crer no Evangelho a não ser as palavras de Cristo incorporado na tua vida. Tu carregas um tesouro precioso em vaso de barro".

Quem está a tua frente? Aquele que vem em nome de Deus

Certo dia, estando no Convento na Sardenha, São Francisco e o Irmão Paco tomaram o desjejum depois das orações. Os dois notaram alguém batendo à porta. Irmão Paco foi atender a pessoa. Ele retornou alvoroçado com as mãos tapando os olhos, esbarrando nas coisas por não enxergar e gritando em voz alta e ofegante: "Francisco, Francisco..." O Pobre de Deus, espantado, segurou o irmão pelos braços e o sacudiu, perguntando: "Irmão, o que houve que te deixou tão assustado assim? Que assombro te passou?" O Irmão Paco lhe respondeu: "Lá fora, lá fora!" Francisco perguntou o que havia lá fora para que ele ficasse naquele estado. Irmão Paco disse: "Há uma pobre mulher com uma criança em nossa porta". São Francisco lhe perguntou: "Mas que mal há nisso; uma pobre mulher com um bebê em suas mãos?" Então o Irmão Paco lhe disse que a mulher estava seminua e que não poderiam deixar que a tentação entrasse em seus corações. O Pobre de Deus lhe respondeu: "Agora entendi. Irmão, seja qual for a condição das pessoas que vierem à nossa porta, trata sempre como providência que Deus enviou para sermos mais santos. Ela é uma mulher e não um objeto para ser dominado. Não se escandalize, mas receba como ela se apresenta. Vamos ao encontro de nossa irmã, pois ela não traz o pecado, mas a mensagem de Deus para nós". Os dois foram até a porta para atender a mãe aflita por leite. Concederam o que pedia e mais um pouco que tinham na casa. Satisfeita, agradeceu em nome de Deus. São Francisco disse àquele irmão: "Onde tem amor o pecado não reina e a tentação é vencida. Se a ignorância reinasse em nosso coração, não teríamos ouvido Deus e feito sua vontade, pois chamaríamos aquela mulher humilde e pobre de perdição, de tentação, de filha da maldade. Assim, não teríamos amado Cristo na pessoa dela, negando aquele que se faz sacramento puro para nós: 'O que fizeres a um desses menores é a mim que estás fazendo'. Irmão Paco, não somos somente criaturas de Deus, mas o seu reflexo no meio de nós".

Não sou o mestre, apenas uma boa companhia

São Francisco, estando a caminho do Monte Falco, encontrou um jovem desejoso de tê-lo como seu mestre. Disse-lhe: "Francisco, há muito tempo venho a tua procura, e quando soube que estavas passando por esta região decidi vir ao teu encontro. Não sabes o quanto estou feliz, pois desejo crescer espiritualmente e não posso negar que tua fama e teus feitos chegaram a mim. Peço que aceites ser meu mestre na arte de viver em Deus". São Francisco ficou admirado por aquela alma ter procurado apoio para sustentar o caminho de santidade. Disse-lhe: "Irmão, eu não tenho aquilo que desejas. A mim não foi dado o título de mestre, mas a Jesus Cristo, nosso único salvador. O Mestre e Senhor me conduziu por caminhos em que minha própria alma se apaixonou. Sou aquele que conhece um pouco dos lugares que na alma nos faz ser mais santos. Se desejas esta aventura estou disposto a acompanhá-lo, mas afirmo que mestre não serei. Sim, serei teu amigo que mostra a cidade toda dando os pontos mais importantes aonde ir.

Refrescarei a tua alma com os melhores panoramas que eu mesmo contemplo e vislumbro. Serei teu amigo e companheiro, ajudando-te a entender os detalhes; porém, jamais teu mestre. E quando conheceres as vias de elevação, estarei como amigo a orientar as dúvidas que se fizerem necessárias. Não tenho a pretensão de estar acima de ti, mas orientar o caminho que me faz apaixonado por Deus". Então o jovem perguntou quando poderia começar. E o Santo lhe respondeu: "Amado irmão, estou indo pelo caminho. Recomendo que pegue a tua cruz e sigamos agora o caminho a nós indicado pelo Pai, na companhia de Jesus. O tempo passa e o mundo cobra, Deus espera somente nossa conversão". "E para onde vamos?" "Lembre-se, irmão: 'O Filho do homem não tem onde reclinar sua cabeça'. Façamos segundo a sua ordem: 'Vem e segue-me'".

Compreensão

São Francisco se instalou por alguns dias na Comunidade de Arezzo para participar da vida da fraternidade dos irmãos daquela região. Depois do café da manhã, foram trabalhar na horta. Um irmão se aproximou e lhe disse: "Francisco! Francisco! Veja aquele irmão sentado na soleira da casa! Todos os dias ele fica ali sem trabalhar, somente lendo e descansando. Ele não faz outra coisa senão isso". O Pobre de Deus lhe disse: "Volte ao teu trabalho e não te incomodes com o que faz o teu irmão". Pouco tempo depois outro irmão da comunidade se dirigiu a São Francisco: "O senhor é nosso pai e não irás fazer nada em relação àquele irmão que nos perturba pela falta de fraternidade? Não é justo trabalharmos pesado e ele nada fazer. Vê com teus bons olhos, Pai Francisco. Esse irmão é um inútil para nós". Então o Pai Francisco, com toda paciência, disse-lhe: "Sou teu pai, como disse. Então cabe a ti aquietar o coração e retornar ao trabalho, pois precisamos muito de ti neste momento. Mantenha a atenção naquilo que fazes". São Francisco observou que aqueles irmãos estavam queixosos e falavam, reclamavam: "O que aconteceu com o conselho *ora et labora* (reza e trabalha). A casa de Francisco abre espaço para irmãos preguiçosos, que nem se intimidam em descansar à nossa vista enquanto fazemos serviços braçais. Não era para sermos irmãos, sem desigualdade na fraternidade?! Porém, este faz jus de ser tratado como príncipe; possivelmente tenha vindo de família nobre e abastada". São Francisco recordou-se de sua oração: "Onde houver trevas que eu leve a luz".

Após o jantar decidiu reunir todos os frades para uma conversa franca: "Irmãos, todos nós somos criaturas de Deus, sem distinção alguma nos privilégios e desafios que enfrentamos neste mundo. Somos distintos somente no conhecimento que adquirimos. Alguns se tornam padres, outros cultivam a vida de irmãos, mas a importância de cada um está em realizar tudo com a máxima perfeição. Se este vai para a cozinha, realize com misericórdia o labor confiado, mas se este vai para a horta, também deveria exercer o labor cheio de misericórdia. Um trabalho não será maior ou menor do que outro se for realizado com amor. Muitos questionam a vida alheia e esquecem de exercer com amor e afinco o que lhes foi confiado. Digo-vos para não importardes com o que vosso irmão faça ou deixe de fazer, mas assegureis que o trabalho exercido por vós seja perfeito. Alguns exerceram trabalhos distintos, por que não deveríamos nos empenhar em várias áreas? Ao mesmo tempo, por que não realizá-los com perfeição? A diversidade de dons faz com que nossas diferenças somadas se tornem riqueza para a comunidade cristã. Quanto mais esmero na vinha do Senhor, mais santificado será seu santo nome. Irmãos, imaginai um médico trabalhando com um arado e depois de um dia suado tivesse de fazer uma cirurgia. Sua mão trêmula e cheia de calos não iria conceder-lhe um trabalho excelente e eficaz. Imaginai um sacerdote que se desgasta trabalhando na colheita, que não se prepara para a celebração da missa, que sujo e suado coloca a túnica; logo ele, que tem por obrigação fazer a ponte entre nós e Deus! Realmente teremos uma missa e uma homilia medíocres. Por amor a Deus, esforçai-vos para não criardes divisões; que a comunidade seja o espaço para compreendermos que fazemos parte do corpo de Cristo. Por favor, levai isto no coração: compreender mais do que ser compreendido!"

O que é realmente a perfeita alegria?

São Francisco foi acolhido no Convento de Emilia Romagna. Ao entrar se deparou com um frade muito ansioso para falar com ele. "Frei Francisco, quero falar com o senhor. Há muito tempo espero por esta oportunidade." São Francisco reclinou a cabeça lentamente, sinalizando que sim, e o frade se alegrou. Os dois caminharam pelo claustro, onde, sozinhos, aproveitam do silêncio e da tranquilidade. Diante dos arcos romanos, o bom frade deu início à conversa: "Francisco, há tanto tempo estou a tua espera. Mortifico-me todo dia e não entendo por que ainda estou neste convento. Já me contaram sobre a tua experiência da perfeita alegria, mas não me sinto digno de fazer tal experiência. Não suporto a vida comunitária, pois tenho a sensação de ser perseguido o tempo todo, ou mesmo de ser excluído das rodas de conversa. Raramente me chamam para um bate-papo, e mesmo quando fico sabendo, o fato já ocorreu. Realmente me sinto um peixe fora d'água. Viver a alegria com esses irmãos não me convém. Diga-me, no que realmente consiste a perfeita alegria?" O Santo de Deus calmamente olhou para o irmão cheio de aflição e disse: "Tens que descobrir por ti mesmo. Dê tempo para a tua alma". O Pobre de Deus ficou mais alguns dias e partiu. Depois de longos meses em Assis o Santo de Deus decidiu ir para Pádua, e no caminho resolveu ir até o Convento de Emilia Romagna. Assim que chegou foi recepcionado pelo guardião do convento e foram até a capela. No meio do caminho conversaram sobre a vida dos frades e a experiência fraterna, quando, de repente, escutaram a voz alta e perturbadora vinda do final do corredor: "Franciscoooo!" Era o mesmo irmão que havia indagado sobre a perfeita alegria. O guardião, de forma ríspida, o disciplinou: "Irmão, olhe a modéstia. Tenha respeito e mais compostura". São Francisco tocou o guardião nos ombros e com uma bela gargalhada disse: "Você me assustou. Há quanto tempo não levo um susto assim". São Francisco ria tanto que contagiou os dois frades que estavam ao seu lado. Depois disse ao guardião: "Amado irmão e amigo, desculpe, mas devo retirar-me com este irmão, que suplica atenção". Foram à capela e começaram a conversar. O irmão disse: "Francisco, eu tenho certeza de que agora conheci a perfeita alegria. Acabei de intuir que ela na verdade me leva para o nada, pois quando as coisas se esvaziam, posso retomar meus pensamentos sobre ela. Só no nada tudo se revela. Enquanto penso em quem é esta pessoa, quem é aquela outra, meus conceitos viram preconceitos. Porém, quando não tenho o que falar ou pensar sobre este ou aquele, começo a ver e rever o que realmente me revela. Diga, Pai de todos, se cheguei ou não ao cerne do que é realmente a perfeita alegria". O santo lhe respondeu: "Irmão, atrevo-me a dizer que este ou aquele não te são maiores; todos somos criaturas de Deus. A perfeita alegria não é o lugar do julgamento e nem da definição, mas da ação na tua vida. Não queira entender e nem definir; a única identidade que precisas é a que vem de Deus, como um presente. E, ao mesmo tempo, é Deus que em nós se faz. Apaga tudo e começa do zero até que por si só sinta e saiba realmente que viveste a perfeita alegria. Lembra-te que a tua fé irá confirmar".

São Francisco e o sultão

São Francisco viajava para a cidadezinha de Gubbio com mais três frades: Frei Júlio, Frei Erasmo e Frei Irineu. Conversavam muito pelo caminho, e os irmãos contavam a São Francisco que ainda não haviam pisado naquela cidade. São Francisco contou um pouco da história do vilarejo e como a conhecera: "Meu pai conhecia uma família de comerciantes daqui. Quando em praça pública, em frente à catedral da cidade, entreguei meus pertences e abdiquei do nome de meu pai, foi essa família que me recebeu e me trouxe para cá. "Francisco", disse Irineu, "o que podemos apreciar de belo nesta cidade?" São Francisco respondeu: "Aqui encontraremos um dos teatros romanos mais conservados, a cadeia de montanhas com muros nas rochas e a coisa mais graciosa da cidade: a praça dos loucos. Esta é uma pequenina praça que, se deres dez voltas em torno delas, ganharás o título de louco". Irmão Irineu, sorrindo, disse: "Estou vendo que será muito divertido conhecer a pequena e bela cidade de Gubbio". No caminho, Irmão Erasmo perguntou a São Francisco: "Francisco, conte-nos como foi estar em frente ao sultão?" São Francisco então lhes perguntou: "O que querem saber dessa história?" Irmão Júlio disse: "Ora, Francisco, contam todos a magnitude de teus feitos em vencer o sultão e os seus sábios". Porém, São Francisco o reprendeu: "Irmão, não pensa assim. Não estamos neste mundo para fazer guerras religiosas e nem mesmo para estar acima de qualquer

119

pessoa. Todos somos criaturas de Deus". Então Irmão Erasmo disse: "Mas você os venceu. Eles estão mergulhados na heresia, mas Deus o fez mais sábio do que eles. Realmente receberam o que mereciam da parte de Deus". Mas o Santo os repreendeu: "Irmãos, esse tipo de pensamento não deve existir em nossa família. Isso não nos torna irmãos menores. Contaminaram vosso coração com o orgulho, traiçoeiro invasor de almas. Escutai-me e mudai de direção os vossos corações: 'Naquela manhã de domingo retornei da missa com vontade de ser mais para o Senhor. Entrei no bosque do Monte Subásio e comecei a rezar e esperar de Deus onde eu deveria ir. Naquele dia senti a força do Espírito Santo e um ardor profundo no coração, que me dizia para ir em missão à Terra Santa. O Senhor me enviou sem pretensão alguma. Assim, tratei de esvaziar o coração e assumir meu papel de arauto do Senhor. Cheguei até as terras de Damieta, no Egito, no acampamento dos cruzados. Ali, junto com os irmãos, senti sair dos corações o ódio e o desejo de matar o outro. Para mim não era um lugar de vida e nem espaço onde fluía o Evangelho. Comecei por dizer àqueles homens o quanto Deus necessitava de cada um como promotores da paz, mas a paz parecia ser tão distante, pois a sede que tinham de se justificarem naquela terra pela violência falava mais alto. Tentei dizer com todas as palavras aos filhos de Deus que é uma honra servir a Deus como Jesus Cristo o fez. Porém, muitos justificavam que perderam amigos e irmãos nas mãos dos sarracenos. O perdão foi minha proposta para que eles soubessem que Deus nos perdoa sempre. Quando me deparei com aquela situação pesada, perguntei ao Senhor o que fazer, e logo o Espírito Santo me disse para ir à terra dos irmãos sarracenos. As tropas cruzadas me chamavam de louco, e que seria responsável pela minha própria morte. Eu sabia que estava indo em nome de Deus, a mesma razão de Jó ter ido até Nínive. Então, eu não teria outra escolha senão obedecer ao meu Senhor. Três dias de caminhada e fui capturado pelos irmãos sarracenos, que me levaram para a prisão. Lá pedi para ter com o sultão. Os guardas riram e caçoaram de mim, acreditando que meu pedido seria em vão. O general veio até mim e perguntou: Por que pedes para ter com o sultão? Eu disse ser o arauto do Senhor que porto uma mensagem de paz. Levou duas horas e fui levado até o sultão. Já em sua presença eu disse: Com todo respeito, senhor sultão, venho como arauto do Senhor trazendo uma mensagem de paz. O sultão me questionou por que Deus não falou diretamente a ele. Respondi que, com os conflitos no coração, foram tomados de perturbação, impedindo-os de ouvir diretamente a mensagem do Senhor. Não vim para ofender e nem mesmo me vangloriar, mas transmitir o que é da parte de Deus. Para atestar que falava a verdade, propus uma disputa entre eu e os seus sábios. Acendemos o fogo e deveríamos entrar nele, pois se fosse verdade o que eu vim trazer da parte de Deus, Ele mesmo me protegeria. Lembrei-me do Profeta Elias que tinha a convicção no coração de ser o profeta do Deus verdadeiro. Decidi ser o primeiro. Quando estava entrando, o sultão viu que não havia medo em meu rosto e se convenceu de que realmente eu vinha até eles da parte de Deus. Assim, o sultão me ouviu com muita atenção e se dedicou a lutar pela paz entre os cristãos e sarracenos. Naquele momento recebi a mensagem dizendo que deveria retornar para Assis, mas também um pequeno chifre que usam para chamar os islamitas para a oração como salvo-conduto para atravessar as fileiras do exército sarraceno. Foi assim que retornei para casa e hoje estou aqui convosco'". Os três irmãos franciscanos olharam para São Francisco e pediram perdão. São Francisco disse: "Sejais em tudo servidores do amor de Deus em Cristo Jesus".

A medida do amor é amar sem medida

São Francisco foi atender a um chamado dos irmãos na cidade de Cortona. Um surto epidêmico se alastrou por toda a cidade, levando-a ao caos. Os frades não pouparam esforços em socorrer os irmãos mais próximos. Estavam contando com cada braço voluntário que pudesse se unir a eles. Foram criadas diversas unidades de atendimento diante das igrejas em Cortona, e o mesmo se realizou na Igreja de Santa Maria, que ficava no centro da cidade. Criaram-se divisões de voluntários carregando as macas pela cidade à procura dos doentes. Não havia como conter os que chegavam: vinte, trinta, cinquenta doentes por dia. Uma das divisões entrava na mata à procura de ervas medicinais. A cozinha do convento fervilhava de trabalhos e doações. Realmente o trabalho era árduo para a recuperação da saúde dos irmãos, que se enfraqueciam a cada instante. Tendo vencido três dias de puro ardor frente aos desafios encontrados, Irmão Rafael disse a São Francisco: "Irmão, todos os dias não para de chegar doentes de dentro e de fora da cidade. Nós não daremos conta de tudo isso". São Francisco lhe respondeu: "Amado Irmão Rafael, estamos muito atarefados nos trabalhos que Deus nos confiou. Se conseguiremos vencer? É claro que sim, pois Ele nos destinou para realizar a sua obra. Irmão, por favor, não descansa agora, pois precisamos de ti. Entra no teu coração e no silêncio encontra Deus que habita em ti. Somente Ele te mostrará o quanto é capaz, e ao mesmo tempo te fará ver que dentro de ti tem espaço suficiente para todos e mais um. Quando Deus revelar o infinito de teu coração saberás que 'a medida do amor é amar sem medida'".

Se amar a todos, não faltará para ninguém

Estando na cidade de Latina, São Francisco visita um hospital, levando a presença e oração amiga da parte de Deus. Uma jovem enfermeira o encontra deixando um leito. "Francisco! Francisco! Preciso falar contigo. É possível me dar um minuto de tua atenção?" São Francisco responde: "Pois não. Fale o que desejas". A jovem lhe disse: "Venho em busca de um conselho! Trabalho neste hospital, como tem notado. Esmero-me dia e noite em servir com alegria e, ao mesmo tempo, realizar a obra do Senhor. Infelizmente, sou casada e enfrento por conta do meu trabalho diversas reclamações de meu marido. Também sou mãe de cinco filhos e não sei como me comportar diante dessa realidade tão exigente". São Francisco lhe respondeu: "Amada filha de Deus! São Paulo nos recomenda: 'Os que optaram pelo matrimônio que vivam sua vocação, mas os solteiros se dediquem de todo o coração ao serviço do Senhor'. Porém, não te seria fácil empregar tal conselho, pois é inútil arrancar alguém do santo ofício confiado pelo Senhor. Terás de entender que não podemos abraçar todas as nossas escolhas. Escolheste o matrimônio por vocação, mas ao mesmo tempo te dedicas ao ofício da caridade ao servir o próximo. Tens o aborrecimento de se confrontar com a família e sua exigência. Permita-me dizer que te resta ser sempre mais objetiva com tudo aquilo que fazes. Empenha-te em todo o trabalho exercido em nome de Deus, e ao retornares para casa, gastes tempo conversando sobre as aventuras que se passam por aqui. Descobre como falar e conversar com todos e com cada um em particular. Dedica-te nas horas que podes passar com tua família nos afazeres do lar. Cozinha bem, pergunta o gosto de cada um, descobre que amando aqui terás amor em qualquer lugar. Não tornes um peso o que fazes no hospital, mas empenha-te em tuas atividades, pois a paixão divina habita em cada ser humano. Faze do hospital a tua casa e de tua casa o hospital, pois todos só precisam de amor. A tua família deseja estar contigo, mas com seus afazeres não gastarão todo este tempo olhando para ti. Aprende a se comunicar mais. Anima o coração da família para conhecer e desejar ver e viver o que fazes em nome de Deus. Faça-os provar e se apaixonar pela tua causa. Para alguém pedir a receita do bolo precisa primeiro prová-lo e saborear com gosto. Aprenda a levá-los para dentro do teu coração e apaixonar-te pelo Deus que és apaixonada. Se amares a todos não faltará para ninguém. Continua no hospital, pois nele está teu coração; continua com tua família, pois nela também está o teu coração. Lembra-te: 'Onde está teu coração está teu tesouro'".

O arauto do Senhor
Foram enviados dois irmãos da Lombardia para ter com São Francisco. Vinham em missão com uma mensagem especial ao Pai Seráfico. Depois de 12 dias de viagem chegaram a Assis. O fato de São Francisco não se encontrar na região os fez esperar. Passadas duas semanas, São Francisco regressou ao convento de Assis. O Santo de Deus fez reunir todos os frades na capela, pois trazia novidades para todos. E assim começou o seu discurso: "Irmãos, lembrem-se que nossa missão é evangelizar. Suportamos tudo por amor a Deus. Não fomos consagrados para este ou aquele, mas consagrados para Deus. Ele diz o que temos de fazer, com quem estar e como se comportar. Se nos aborrecemos não é com aqueles que Ele colocou em nossa frente, mas com o próprio Senhor. Se somos bons com os outros, realizamos a vontade divina em nós. Não podemos desistir, porque este ou aquele não nos atura, mas reconhecer que a

vontade de Deus se realiza na terra pelos seus filhos. Assumamos nossa consagração. O serviço de Deus é árduo e muitas vezes nos pesa por ainda não acreditarmos que Ele torna leve nosso fardo. Mantenhamos nosso coração desejoso de servir a Deus. E não nos incomodemos com os desafios, pois segundo as palavras de Santo Agostinho: 'Ele nos capacita'. Irmãos, que a missão seja o espaço para que possamos mensurar nossa fé, pois lá veremos que, acreditando em Deus, suportaremos com louvor os desafios encontrados". A seguir São Francisco se dirigiu particularmente aos irmãos da Lombardia: "Irmãos, que me trazem de tão longe?" Os irmãos responderam: "Viemos dizer o quanto é difícil estar nas terras estrangeiras, mas tuas palavras refrescaram nosso coração e devolveram o anseio de viver nossa missão. Realmente tudo o que saiu de tua boca parecia ser diretamente para nós. O Espírito realmente sabe do que precisamos. Somos gratos ao Seráfico Pai por ser tão de Deus". São Francisco lhes disse: "Irmãos, eu vos envio com a graça de Deus. Paz e bem!"

"Uma comunidade de Deus deve se comportar como Deus"

Estando no Vale de Rieti, São Francisco meditava quando foi surpreendido por um grupo de crianças que foi rezar no bosque. São Francisco as abordou com um sorriso e uma pergunta: "O que fazeis aqui sozinhas?" As crianças lhe responderam: "Viemos rezar. Não é você o Irmão Francisco que abandonou tudo por causa de Deus?" "Sim, sou eu". "Mas o que fazeis tão distantes de vossa casa?" As crianças responderam timidamente: "Todos os dias nossos pais nos levam para a igreja e dizem que somos bagunceiros e inquietos, falam que atrapalhamos a concentração dos adultos. Dias atrás começamos a rezar e Miriam, minha irmã, teve umas visões e começou a falar. Nos chamaram de loucos e nos expulsaram, e também os pais, da comunidade, dizendo que essas coisas não vêm de Deus". O Santo de Deus se espantou e disse: "Filhos amados! Deus vos ama com muito carinho e afeto. Não podemos desprezar ninguém, muito menos as crianças, das quais Nosso Senhor disse: 'Quem acolher esta criança, acolhe a mim; quem me acolhe, acolhe o Pai'. Mas o que se faz desconhecido para alguns é tido como nocivo e combatido. Se Deus decidiu se manifestar em tua pequena irmã, precisamos averiguar com muita cautela antes de qualquer julgamento e veredito. Os homens precisam ser mais dóceis à ação do Espírito de Deus. Confesso que me choquei ao ouvir vossa história, mas recomendo que não guardeis rancor. Irei ter com a comunidade para mediar com ternura a compreensão deles". As crianças disseram, felizes, o quanto se sentiam amadas e amparadas pelo Pobrezinho de Assis: "Francisco, ao teu lado nos sentimos protegidos. És o amor de Deus por nós". São Francisco foi à comunidade e com muita temperança começou a falar sobre a vontade de Deus a todos. Um dos homens influentes da comunidade disse: "Temos de eliminar o mal pela raiz, pois essas crianças sempre tiram a atenção". Olhando para a assembleia o homem perguntou: "Vocês não concordam?" A assembleia, unânime, respondeu: "Sim". Mas São Francisco discordou, dizendo: "Nosso Senhor nos inspirou a amar e disse pela boca de Jesus: 'Deixai vir a mim as criancinhas'. Lembrem-se que nós não somos donos de Deus. Por isso não temos o direito de impedir quem deve ou não se aproximar dele. Quem se concentra é você, e quem se deixa perturbar também é você. Ensinem as crianças a rezarem para que possam sentir e viverem o que vocês vivem quando rezam. Deem a elas o direito de saborearem o mesmo que vocês saboreiam: 'Provai e vede como o Senhor é bom'. 'Somente Deus colhe onde não plantou, mas tu, homem, te recolhes na tua fraqueza'". Uma senhora de vida exemplar insistiu: "Uma dessas crianças começou a proferir palavras sobre a vida dos irmãos, fez aquilo que não convém e nem agrada ao Senhor". São Francisco lhe respondeu de modo enérgico: "Vejo nos teus olhos que desejas o mal dessas pobres crianças, pois quem é tão íntimo do Senhor e não sabe conhecer suas palavras é como a ovelha que não conhece o seu pastor! Deus se utiliza dos seus para trazer sua mensagem". Ela disse: "De que forma o Senhor irá se manifestar?" São Francisco lhe respondeu: "Não podemos definir, mas expulsar o outro porque não o aceitas realmente é uma afronta contra o amor de Deus. Usa da paciência e do amor fraterno. Uma comunidade de Deus deve se comportar como Deus. Assumir que estamos longe de um projeto de vida em Deus fará com que tomemos novamente nosso curso. Por isso não impeçam que os pequeninos se aproximem de Deus. A pena daqueles que os escandalizam será tanta quanto lhes amarrarem uma pedra de moinho ao pescoço e jogarem no mar. Trabalhem para serem mais de Deus".

Anatomia de um porco, anatomia de um incrédulo

Um irmão se encontrava muito perturbado porque os porcos são considerados animais impuros. São Francisco lhe respondeu: "Amado irmão, nenhuma criatura é impura, porque Deus, quando criou o universo viu que tudo era bom! Quando se fala dos porcos recorre-se a uma imagem para dizer sobre o que está além do pobre animal. Se pararmos na reflexão dos porcos não chegaremos a nada. Estamos neste mundo e por isso usamos tudo o que está nele para nos aproximarmos ao máximo de uma linguagem que transpareça em si a verdade. Por isso não podemos dizer algo que não existe. Os porcos, pela própria anatomia, não conseguem olhar para o céu; assim, os homens que não olham para o céu se reconhecem acima de todos, e nunca abaixo de Deus. O arrependimento e o reconhecimento não entram no coração daqueles que devem temer a Deus por amor. Um homem que olha sempre para baixo não se intimida e nem se incomoda com o que faz consigo e com o outro; assume a condição física de um porco em sua própria alma. Aquele que olha para o céu com temor a Deus ama o próximo como a si mesmo".

A responsabilidade vem daquele que se faz responsável
Irmão Benedito, indo conversar com São Francisco, elogiou os seus feitos, que de dia e de noite se tornam exemplo para todos, de uma grande fé no Senhor: "Amado Irmão Francisco, tenho observado durante todos esses anos a sua forma incansável de trabalhar e rezar. Vejo-o dando amor na labuta, durante a colheita da uva e do trigo, e em como se esmera para arrumar a casa no tempo de chuva, quando não podemos ir ao campo, e em como durante o dia e a noite sai para rezar. Desejo que você me chame para estar contigo a noite rezando". São Francisco lhe responde com toda singeleza: "Irmão Benedito, agradeço os elogios sobre mim. Porém, isso, de forma alguma, me faz ser maior do que ninguém. Preste muita atenção no que irei te dizer agora: o Espírito Santo nos convida a cada momento de nossa vida a viver a diaconia, o serviço que nos liga a Deus e a todas as criaturas. Se um coração não tem em si o compromisso de realizar tudo em Deus, não cabe a mim chamar quem quer que seja para trabalhar e rezar, nem mesmo dizer sobre o céu e o inferno, pois cabe a cada um, em sua

própria liberdade, saber que escolheu a Deus por amor. Em tudo ame e terá o sentido verdadeiro de tudo o que faz. 'Quem quiser me seguir pegue a tua cruz e siga-me".

Se Deus é comunicador, suas criaturas também o são
São Francisco ia pelo caminho para rever Clara. Descendo pela velha estrada de Assis avistou uma trilha de formigas que se espalhavam a cada pisada que São Francisco dava no chão. Logo o Pobre de Deus percebeu que uma pequena formiguinha não saiu de sua frente. Intrigado por aquela situação sentiu-se impelido a perguntar a ela como não havia reparado as pisadas? O curioso é que em sua ingenuidade se assustou ao ouvir uma voz fraca e sussurrante: "Quem deve ter atenção é você". O Pobre de Deus disse: "Mas você sabe falar?" E a formiguinha lhe perguntou: "Você sabe ouvir? Por que perguntou? Não sabe que todos somos criaturas de Deus. Se Ele nos fez para comunicar o seu amor por nós, por que haveria de nos impedir de nos comunicarmos entre nós? Se você não entende e não sabe como me respeitar e ouvir, deve-se ao seu desconhecimento. Nós vivemos, sentimos e habitamos no mesmo mundo que você. Agora, respondendo à sua primeira pergunta: Sim, estou a serviço de minha rainha, e por ela nada me tira do caminho, uma vez que por amor decidi servir com toda a minha força. Estou a serviço da rainha".

Presente de Deus e gratidão
Irmão Camilo foi à porta atender alguém que trouxera uma pequena doação: "Irmão, estou de mudança e trouxe esta pequena mesa que me serviu por muito tempo. Desejo que recebas de bom grado. Mas, infelizmente, esta perna esquerda está quebrada". Irmão Camilo agradeceu e se despediu do visitante.

Entrando no convento com a doação, ele passou a reclamar, resmungando que trazer uma tralha daquelas para eles era realmente se desfazer das coisas que não servem e chamar a casa dos frades de depósito de coisas velhas. São Francisco ouviu tudo e não perdeu tempo em repreender-lhe: "Não sabes o que dizes. Por acaso os dias que se passam na tua vida fazem esquecer que és irmão menor? Vivemos da providência divina. Se Deus quis nos presentear com esta linda mesa, independente do estado que se encontre, é presente dele. Ele não se esquece de nós. Quem dá um presente ao outro é porque reconhece o valor que ele tem para si. Esta mesa serviu a alguém que acredita que agora possa servir para nós. Por isso, mais do que aproveitar o que nos chega pelas mãos do doador, devemos reconhecer que somos amados sem o nosso próprio esforço".

Em briga de marido e mulher São Francisco coloca a cozinha inteira!

"Francisco! Francisco!" Aos gritos chega uma jovem no convento de Assis: "Por favor, Francisco! Meu cunhado está espancando minha irmã na rua e expulsando-a de casa". São Francisco correu ao encontro deles. Entrando no meio da briga e de braços abertos separou os dois. O marido disse a São Francisco: "Não sabes que em briga de marido e mulher ninguém mete a colher?" São Francisco respondeu-lhe: "Se meu Senhor, no caso da mulher adúltera, meteu a cozinha inteira, quanto mais eu que sou o seu discípulo. Quem diz que não faz nada vendo o mais forte bater no mais fraco é porque já se colocou do lado do mais forte, pois não sou ignorante em deixar esta pobre mulher apanhar". O marido então disse: "Tu não sabes o que ela aprontou para merecer esta surra?" São Francisco lhe respondeu: "Realmente ela não fez nada. No mundo não há nada que faça merecermos o mal e a violência do outro. Ninguém merece apanhar, pois nem Deus ousaria fazer isso aos seus filhos". Então o homem diz que a mulher o havia envergonhado ao retornar para casa de madrugada. Ela disse: "Eu justifiquei! Minha pobre mãe adoeceu e não pude sair de perto dela enquanto a febre não baixou. A noite chegou tão rápido que não me dei conta do horário. Quando pude retornar, ao entrar em casa me deparei com este homem bêbado gritando, me desacatando com todos os tipos de palavras baixas, e passou a me bater". São Francisco disse: "Basta da tua parte tanta violência". Em alguns instantes chegou nos braços de um frade a mãe enferma, e ao lado, a irmã, que disse: "Aqui está a prova da verdade". O homem diante da multidão que se formou foi golpeado em seu orgulho. Em prantos, olhou para São Francisco e lhe perguntou: "E agora, o que faço diante de tanto transtorno causado por mim?" O santo o aconselhou: "Peça perdão, pois tua mulher está aqui. Cheio de vergonha, o homem arrependido lhe pediu perdão publicamente. Humildemente ela lhe disse: "Meu Senhor ensinou a amar sem limites a todos. Dize que não cometerás mais esse absurdo, e que controlarás tua ansiedade, vivendo uma vida de retidão ao meu lado". O amor é mais forte do que qualquer coisa deste mundo.

Sempre devemos oferecer flores
Irmão Marcílio encontrou São Francisco no jardim meditando, aproximou-se dele e, assustando o Santo de Deus, começou a falar: "Não acredito mais nesse irmão, ele me traiu; me esfaqueou pelas costas". O Santo de Deus, atordoado por ter sido tirado da meditação aos berros, tocou no ombro do Irmão Marcílio e disse: "Acalma irmão, tu me interrompeste de uma forma inconveniente. Vejo que tua ansiedade é incontrolável

e que teu raciocínio é muito fraco para ter bom-senso. Agora mais calmo me diga: O que está acontecendo?" O irmão responde: "Francisco, eu não suporto esse irmão que todo dia apronta algo comigo, e desta vez foi a gota d'água, pois me contaram que ele havia me traído". "Irmão Marcílio, sei que não é fácil enfrentar as coisas sem a pessoa de Cristo nos orientar. Nosso Senhor, quando Judas o beijou no momento da traição, disse: 'Amigo, me traíste com um beijo?' Irmão Marcílio, se esse irmão que é teu amigo lhe fez tal desfeita que o descontrolou, lembre-se em primeiro lugar que já são amigos. Todo o esforço que fizeram para se entenderem e amar em Cristo não pode ter sido em vão. Muitos carregam na boca ditados como este: 'Nem tudo são flores; mas o que custa criarmos canteiros que serão floridos a cada primavera de nossa vida'. Não precisas receber flores sempre. Mas sempre deves oferecê-las, pois teu espírito é regado pelo amor e pelos conselhos de Nosso Senhor. Dê o tempo necessário para o teu coração encontrar luzes para superar essa situação, e não esqueças de tomar providências para te acalmares, pois tua ansiedade está acima do controle".

O consolo divino

Dois mensageiros da cidade de Castello vieram ao encontro de São Francisco com a notícia de que sua amada amiga Dora estava se contorcendo de dor, e que talvez não conseguisse chegar a tempo de vê-la. O Pobre de Deus, durante a madrugada passou a rezar pela amiga. Logo após a oração da manhã decidiu ir ao encontro dela. Antes mesmo que saísse de Assis outro mensageiro lhe noticiou que ela havia falecido naquela madrugada. São Francisco sentou-se no caminho deixando transparecer o quanto estava abalado. Balbuciou algumas palavras baixinho, ergueu-se do chão e foi para a casa dela. Ao chegar, sentou-se ao lado de seu corpo e começou a sussurrar-lhe: "Você sempre foi minha melhor amiga, em minhas visitas conversávamos muito sobre vários assuntos e nos divertíamos". Um dos filhos de Dora se aproximou de São Francisco e disse: "Minha mãe está morta, peço que respeite o momento". São Francisco respondeu: "Mas quem disse que ela não está nos escutando? Deus aproxima os vivos dos mortos. Somos cristãos e acreditamos morrer para o mundo e viver para Cristo. Eu te peço, não tires meu direito de dizer para a minha melhor amiga o quanto a amo". O Pobre de Deus voltou-se para o corpo de sua melhor amiga e começou a chorar; seus prantos não podiam ser contidos por nenhuma força senão pelo consolo de Deus. Naquele instante, o Pobre de Deus sentiu no ombro direito uma mão a tocá-lo e uma voz que dizia: "Trago esta mensagem do céu a mando de Dora: 'Francisco, meu amado amigo, estarei contigo e com os meus ao longo dos vossos dias. Daqui intercedo por amor. Aprendi a conhecê-lo e a todos também. Minha viagem foi tranquila. Aqui do outro lado é lindo, mas não posso roubar o direito de cada um fazer sua experiência no mundo. Consola-te que estarei te acompanhando com amor terno. Recomendo a aprender a amar mais e mais cada pessoa que Deus te apresentar; elas são o bem mais valioso do Criador. Não te entristeças, pois esta tua amiga Dora vive em Cristo". São Francisco sorriu e agradeceu a Deus pelo consolo ter chegado tão brevemente em seu coração.

Amizade com Deus

Dois jovens da Lombardia viajaram muito para estar com São Francisco. Ao chegarem a Assis procuraram-no por toda parte. Indicaram-lhes um convento num lugarejo chamado Rivotorto. Esse lugar era, antes da chegada de São Francisco e dos frades, um lugar no qual eram guardados os materiais de trabalho da lavoura. São Francisco teve este lugar, mesmo que brevemente, como sua primeira moradia e a dos irmãos. Os jovens chegaram afoitos para verem o Santo de Deus. O porteiro pediu que aguardassem na porta por uns instantes. Quando viram o homenzinho de aspecto humilde e pobre se apaixonaram, dizendo: "São Francisco, como podemos ser frades?" O Santo de Deus falou: "Não custa muito, somente ser convidado pelo amigo Jesus Cristo". Os dois jovens perguntaram; "Como fazemos para ser mais amigos de Jesus Cristo". Disse São Francisco: "Fácil, é muito simples. Para começar uma amizade precisa do primeiro encontro. Vou narrar para vocês de forma que entendam meu exemplo: 'Duas pessoas se encontram na mata, e uma delas pergunta como chegar a um determinado local. A outra diz que direção seguir. Alguns dias depois elas se encontram na missa e se alegram por terem se conhecido. Trocaram poucas conversas sobre a vida, pois ainda não tinham intimidade para muitos assuntos. Ao se despedirem, uma delas convidou a outra para ir a sua casa por ocasião de seu aniversário, e assim começam a participar de bons momentos juntas. Com o tempo, um precisa da ajuda do outro, e não perde tempo em procurar. Com o passar do tempo vivem uma história de irmãos, mesmo que não tenham laços de parentesco. O Espírito entre os dois fortalece tanto a amizade, que são tidos quase como irmãos'. Façam assim: comecem por encontrar o Senhor, conversem e deixem mais íntima a conversa, criem e recriem situações novas com o Senhor; usem a criatividade que está no amor. E esta Ordem que pertence a Ele também será vossa família".

Deus mora no coração do homem

Irmão Pedro foi à cela de São Francisco tarde da noite se queixando que não conseguia dormir: "Francisco, tenho algo para confessar. Acho que não sirvo para ser frade. Há tanto tempo que me intriga esse pensamento. Busco a humildade e por isso comecei a refletir os problemas de convivência na comunidade, tanto quanto na vida pastoral. Não converso com muitos do convento, e o mesmo acontece na vida pastoral. Não aceito certas questões vinda deste ou daquele e vejo como isso compromete o andamento de tudo. Acredito que essa minha falha não me deixa outra alternativa senão desistir da minha vocação. Não me entendo com ninguém e jamais entenderei isso como algo de Deus". São Francisco abraçou o irmão e o levou para a capela. Lá começou a lhe falar procurando consolá-lo: "Amado irmão, sei que a dor que cresce em teu coração, a busca em ser coerente com a vontade do Senhor é grande, mas não se desespere. Há muito que ser trabalhado neste momento. A antipatia está em todos nós, do mesmo modo que a empatia. Já ouvimos dizer: 'Eu não fui com a cara desta pessoa', ou 'Você acredita em amor à primeira vista?' Sinta que não devemos gostar um do outro, mas amar. Jesus não foi obrigado a gostar dos fariseus, pois ninguém gosta de quem quer matá-lo. Porém, Ele praticava o amor por eles; não negava que eles se aproximassem, não desejava o mal, deixava-os falar e escutava com atenção". E ao fim da conversa, deu-lhe um bom conselho: "Irmão, se tu não desejas o mal do outro já está praticando o amor. Vejo também que precisas abrir o coração mais e mais aos irmãos, pois insuportável está a tua relação com muitos. Aqui é preciso fazer o caminho da morada interior. Enquanto pensas para fora não terás como trabalhar o interior. É preciso entrares no teu coração, pois os problemas dominaram teu ser.

Determinas quem e o que deve escutar por achares que deve ser assim. Quando entrares em teu interior e começar a jogar os problemas para fora, irás se sentir leve. Quando começares a habitar em teu interior te encontrarás diretamente com Deus. O salmista diz: 'Deus habita no coração do homem'. Quando encontrares Deus e passar a ouvi-lo, saberás que Ele, que é a verdade, dirá quem tu és. Quando descobrires que Deus mora dentro de ti descobrirás que há espaço para muitos, inclusive para todos. Deus sempre será teu". Aliviado, Irmão Pedro agradeceu São Francisco e se empenhou em seguir seus conselhos.

Pedras e desafios

Alguém se apresentou diante de São Francisco trazendo uma pedra, e lhe disse: "O que faço com esta pedra?" São Francisco lhe respondeu: "O distraído nela tropeçou. O bruto a usou como arma. O construtor a usou para construção. O camponês dela fez um assento. O artesão fez dela uma escultura. Davi com uma delas matou o gigante. Jesus mandou removê-la do túmulo de Lázaro... Observe que a diferença não está na pedra, mas na atitude das pessoas em relação a ela. Não existe pedra em teu caminho que não possas aproveitar para seu próprio crescimento. Que Deus te dê sabedoria para saber o que fazer com cada pedra que encontrares, tornando-a alicerce em tua vida".

Sejamos realistas: há lugares que não serão evangelizados

Os irmãos missionários vieram ter com São Francisco em Assis. "Pai Francisco, estivemos em muitos países e sentimos que o mundo está dando as costas para Jesus Cristo. Fomos a muitos lugares levando o Evangelho, mas encontramos corações que não deram a mínima para o que estávamos falando. Houve lugares que nos empolgaram, mas quando retornamos agiam como se nunca tivéssemos passado ali". São Francisco olhou para os pobres irmãos desamparados e iludidos por terem se decepcionado com tamanha indiferença vivida por muitos, e lhes disse: "Filhos, levantem a cabeça e não deixem a decepção vos abalar tanto assim. Nosso Senhor Jesus Cristo já nos alertava para este momento: 'Quando entrardes em uma casa desejai a paz, e se nela houver um filho da paz, nela repousará, mas se não houver, retornará para vós'". São Francisco ainda disse: "Na casa em que não fordes recebido, sacudi a poeira dos pés e parti para a próxima. Filhos meus, haverá lugares que não serão evangelizados, lugares em que a paz retornará aos vossos corações. Somos obrigados a pregar o Evangelho por causa de Cristo, pois é Ele quem nos anima, mas o mundo não é obrigado a aceitar o que oferecemos da parte de Cristo. Nosso Senhor é tão realista que não nos desampara. Vossa pretensão de conquistar o mundo pela pregação mantém a frustração nos corações como morada. Precisamos saber que Deus oferece o seu caminho, e o mundo, variadas ofertas. Estejai convictos de que este Evangelho nos salva. Assim, dai aos homens o que vem de Deus, e com o livre-arbítrio eles escolherão o que desejam". Confortados, os irmãos se puseram a louvar e agradecer ao bom Deus por tudo o que havia acontecido em suas vidas.

O que te faz feliz?

Um jovem adolescente da cidade de Pescara aproximou-se timidamente de São Francisco e lhe perguntou: "O que precisamos fazer para ser felizes? Precisamos acabar com a guerra, com a fome ou com as pestes? Por favor, diga-me o que é preciso fazer para ser feliz?" O Santo de Deus lhe respondeu: "Há pessoas que precisam de muitas coisas para serem felizes; outras atribuem sua felicidade ao que possuem ou fazem: comida saudável, prática de esporte etc. Deus nos criou à sua imagem e semelhança, e depois viu que era bom. Ora, se somos imagem de Deus, que ficou feliz em ver sua criação realizada, então praticamos o que nos faz felizes. Pense em quem está na miséria, sem saúde, mas em determinado momento pega-se sorrindo diante de uma flor do outro lado da janela que mexeu em seu coração e naquele momento tornou-a feliz. Muito ou pouco, é a própria pessoa que promove sua própria felicidade".

Quem é você? Um mensageiro da paz

Uma jovem de Arezzo, em caravana para Assis, estava empolgada em conhecer São Francisco. Ao chegar à cidade, dirigia-se para a Igreja de Santa Maria, quando encontrou um mendigo, e lhe perguntou: "Estou à procura de Irmão Francisco, você pode me dar alguma informação? Pois ouvi falar que sempre se encontra em meio aos pobres". O mendigo lhe respondeu: "Não há ninguém que se compare a esse homem. Tão simples e singelo como Jesus, sempre disponível e atencioso com os mais necessitados. Siga em frente e dará numa praça onde este Santo de Deus está rezando; falo isso porque acabei de retornar daquele local". Quando chegou à praça, não viu ninguém, e seus gritos de chamamento se tornaram inúteis. Então seu coração se encheu de cólera, pois, angustiada por não encontrar quem procurava, sua ansiedade se transformou em aflição e decepção, e por isso passou a chorar, sentada diante da fonte da praça. Repentinamente sentiu um toque delicado em seu ombro e uma voz suave lhe perguntou: "Por que choras? Algo tão ruim aconteceu?" A jovem respondeu: "Vim à procura de um homem tão bem-falado por estas terras, de humildade exemplar, amante dos pobres e necessitados, que possui a sabedoria de Deus em sua fala. Ao ser informada que esse homem estaria aqui nesta praça, vim para cá com tanta expectativa que, por não encontrá-lo, fiquei angustiada. O tempo passou e a decepção tomou meu coração". O homem, de forma afável, começou a lhe recordar que a ansiedade e a angústia andam juntas e levam o coração à decepção. Propôs mais serenidade, mostrando-lhe a bela fonte que estava atrás dela e de incomparável beleza. Disse-lhe que tivesse mais esperança, pois aquele seu estado a impediu de contemplar aquela fonte, e apontando para algumas crianças lhe perguntou: "Você não acha divertido essas crianças se alegrarem tanto? Elas jogam com alegria, parecendo que o tempo é favorável a tudo que fazem... E agora como se sente?" A jovem respondeu mais tranquila: "A paz novamente foi acolhida dentro de mim", e lhe perguntou: "Quem você é?" E ele respondeu: "Simplesmente o mensageiro da paz". A jovem continuou a lhe perguntar: "E como se chama este mensageiro tão angelical?" E a resposta foi: "Francisco de Assis".

Torne a tua vida angelical

Irmão Lázaro de Gênova estava elogiando São Francisco dizendo: "Você realmente é um anjo". Então São Francisco lhe disse: "Todos temos de ser anjos. Precisamos amar e respeitar; devemos levar as palavras de Nosso Senhor não somente na boca, mas também no coração, em nossos gestos para com os irmãos. Ame carregando o peso do próximo, agrada aos que estão ao teu redor, agradeça e retribua como puder a gentileza dos outros para contigo, passe a paz adiante. Por isso reforço: Torna a tua vida angelical".

O Santo Seráfico é obediente a Deus

São Francisco acordou de madrugada no meio da floresta de forma assustada e inesperada. Ao seu lado estava Irmão Leão em seu sono profundo. O Santo de Deus pensou, mas não resistiu ao fato de não perturbar o sono agradável do irmão: "Frei Leão, por favor, acorde". "Sim, Francisco, que fazes já acordado no meio da noite?" O santo respondeu: "Frei Leão, você acredita no anjo interior?" Frei Leão respondeu afirmativamente. Então Francisco continuou: "O mesmo anjo que disse a São José para fugir com Maria e o Menino para o Egito veio ao meu encontro e me pediu para rezar pelos moradores de Netuno, a cidade para a qual estamos indo. Vamos rezar juntos por eles". E os dois rezaram durante a madrugada toda. Pouco antes de o sol raiar, Frei Leão, observando a forma como São Francisco meditava, reparou que seu semblante mudou para um aspecto de quem alcançou um final feliz. Enfim, seguiram para Netuno. Quando chegaram, encontraram um cenário devastador. Toda a cidade estava sob uma espessa fumaça devido a um incêndio que acontecera na madrugada. Os moradores disseram para São Francisco e Frei Leão: "Foi um milagre, e não sabemos como explicar. Os moradores da cidade foram acordados pelo barulho dos animais! Eles nos alertaram do início do incêndio que chegou e consumiu nossas casas". De repente surgiu uma mulher agoniada e pedindo passagem. Estava tão nervosa, que se dirigiu aos berros a São Francisco e Frei Leão: "Meus filhos, meus filhos, não encontro meus filhos". Um homem disse a São Francisco: "Sabemos que és amigo de Deus, acha para nós estas crianças!" O santo rapidamente pediu ajuda ao anjo interior e começou a andar em meio aos escombros e ruínas, empenhando-se em procurar as crianças. Em determinado momento parou defronte à *duomo* (como se chamam as grandes catedrais nas cidades). Todos se assustaram porque não sobrara nada dela. Em seguida escutaram de São Francisco a seguinte frase: "O Senhor as protegeu". Caminhando em direção do altar, ao constatar no que foi transformada a igreja, aumentava sempre mais seu sentimento de angústia. Então levantou algumas vigas queimadas que sustentavam o teto e se deparou com as crianças escondidas debaixo do altar de pedra. A mãe das crianças, cheia de felicidade, perguntou-lhes como foram parar ali. Uma delas disse: "Estávamos ainda na cama quando ouvimos os animais fazer barulho juntos. Descemos a escada por curiosidade e vimos aquele alvoroço da cidade em chamas, e não sabíamos como fugir. Foi quando uma irmãzinha veio para perto de nós, assustada com aquela movimentação. Começamos a segui-la pelas ruas da cidade e nos deparamos com uma rua sem saída. O medo nos assolou e ficamos juntas até aparecer um homem todo de branco que acenou para nós e nos guiou até a igreja, nos fazendo entrar e se esconder debaixo do altar, pedindo que não saíssemos até tudo terminar, e disse: 'Aqui estarão seguras, pois Deus cuidará de vocês'". Aquela mãe perguntou: "Mas quem é esse homem?" Uma delas apontou o dedo para São Francisco e disse: "Foi ele".

Acredite em Deus, pois só Ele poderá dizer o que deves fazer

Diálogo entre São Francisco e um jovem homem

"Francisco! Francisco!" "Sim, diga jovem irmão." "Francisco, quero te revelar o que está em meu coração." "Estou aqui para te escutar." "Francisco, sou um homem honesto e temente a Deus; rezo diariamente; preocupo-me sempre com o próximo, mas já faz um bom tempo que comecei a desconfiar de minha esposa. Ando escutando coisas que não estão de acordo com o que conheço dela. Isso está mexendo muito comigo, pois nunca senti tanta raiva como agora; sinto minha natureza mudar a cada segundo... O que faço? O que está acontecendo comigo?" "Irmão, não é um problema em nossa vida fazermos ou não o que nos cabe como devoção, mas sim viver a fé em Deus; isso é mais importante. Mantém isso em teu coração: Quando deixamos de acreditar em Deus, instantaneamente começamos a acreditar em outra coisa. Por isso recomendo: Volta a acreditar em Deus, pois só Ele diz o quanto tu deves amar o próximo."

Pequenas ou grandes coisas tanto faz, pois tudo serve aos propósitos de Deus
Irmão Máximo perguntou a São Francisco: "Estou servindo ao Senhor há tanto tempo e não entendo por que não confias a mim fazer grandes coisas nesta vida. Estou sempre sorrindo, cumprimento as pessoas, cozinho com alegria, arrumo a casa. Servindo sem cessar na oração diária, mas não sou aquele que é enviado às missões; não sou aquele que se tornou superior dos irmãos, nem mesmo fui convidado a estudar e me tornar um grande teólogo. Vejo que fui abandonado por Deus a fazer simplesmente pequenas coisas. Sinto que não serei um grande homem, uma notável pessoa".

São Francisco lhe respondeu: "Amado Irmão Máximo, pense nisso: não saberemos o que seremos neste mundo enquanto não empregarmos o amor de Cristo em nossa vida. Há muitas coisas pequenas em tua vida, e isso basta. Nem todos são chamados a realizar grandes feitos, mas uma alma que aspira somente as grandes coisas não reconhece as pequenas, que em algum dia se tornarão grandes por si mesmas".

Mentira *versus* justiça
Diálogo entre São Francisco e um jovem homem
"Francisco, quero confessar meu arrependimento: contei uma mentira e realmente fui injusto, mas não foi por maldade". "Irmão, mentira sempre será mentira, independentemente de sua dimensão, mas a injustiça causada em qualquer lugar fere sempre a justiça desejada no mundo inteiro".
Autor desconhecido.

O que te completa?
Diálogo entre São Francisco e um jovem homem
"Francisco, me ensine como fazer tudo dar certo em minha vida. Preciso explorar mais o meu ser. Acredito que há um segredo para a nossa existência". "Estás indo pelo caminho justo, pois há um segredo em nosso existir, mas peca em querer simplesmente viver como se tudo tivesse aqui. Pelo contrário, 'viver é importante, mas saber para que se vive é que o completa.'"
Autor desconhecido.

Deus em Jesus gosta de ser gente
Disse São Francisco: "Irmãos, sinto que muitos entre vós não compreenderam bem o que é viver como ser humano, o que realmente é ser gente. Sinto que no dia a dia muitos dentre vós se comportam com ojeriza para com este ou aquele que são pobres em espírito. Em vossas pregações desprezam toda a humanidade trazendo um tom duro e pesado. Irmãos, por favor, pensai que o mistério da encarnação se tornou um dos baluartes de nossa espiritualidade. Se deixarmos de enxergar Jesus, trataremos a nossa humanidade fora da redenção. Façamos uma retrospectiva do ser humano: Deus, quando criou

o céu e a terra e tudo o que existe, concebeu Adão e Eva para nele habitarem, atribuindo-lhes a responsabilidade de, juntos, dominarem todos os seres. Mas o cotidiano permitiu que eles se esquecessem dos limites e pecassem, sendo expulsos do paraíso. Depois a humanidade caiu na corrupção e Deus enviou o dilúvio, vendo em Noé um homem justo, capaz de dar início a uma nova humanidade. O tempo passou e os homens construíram a Torre de Babel, deixando-se manipular pela soberba. Deus os dispersou, dividindo-os em várias línguas. Condescendente com a humanidade, Deus decidiu criar um povo para si, como exemplo para todos. Assim, enviou homens como patriarcas, juízes e profetas. Ele olhou tanto para baixo que, ao levantar a cabeça, disse uma célebre frase, com um belo sorriso: 'Sabe de uma coisa, eu quero ser gente!' Assim, Ele veio a nós em Jesus Cristo, cuidando dos pobres, acolhendo e abraçando as crianças. Ele chorou a morte de Lázaro, que se tornou seu melhor amigo. Ouviu a história de muitos e curou os que tiveram fé nele. Serviu e lavou os pés dos homens. Ao fim de tudo mostrou-se apaixonado pela humanidade através de doze homens, quando disse: 'Meu coração arde de vontade de comer esta ceia convosco'. Se o Nosso Senhor possui tanta paixão pela humanidade, quanto mais quando nos relacionarmos da mesma forma. Rezemos pela humanidade com amor e compaixão como Nosso Senhor. O pecado nunca porá fim à grande obra de Deus".

O sermão das formigas

São Francisco disse: "Senhoras formigas, não tenho nada contra vós, mas não posso aceitar vosso costume como um exemplo de vida. Trabalhais tanto em uma pequena época do ano acumulando tudo o que for possível. Porém, jamais vos entregais à Divina Providência. Se o Senhor alimenta os pássaros e nutre com a chuva as ervas, por que seria capaz de se esquecer de ser responsável por todas as suas criaturas? O mundo, mesmo que seja povoado por muitos acumuladores, nunca perderá a misericórdia divina oriunda dos olhos de Deus'.

Recarregue teu espírito

Um irmão desabafou com São Francisco: "Sinto que minhas forças se esvaem; a ira me domina tão rápido; esbravejo com facilidade com qualquer um que me tira do sério; ofendo muitos dos que me conheceram tão calmo. Como explicar tudo isso". São Francisco lhe respondeu: "O tempo passa, e por nos relacionarmos com muitas pessoas, pensamos que tudo aquilo que fazemos seja perfeito e contínuo. Deixamos que os elogios e a vida tranquila adormeçam o verdadeiro conceito de humanidade. Assim, nossa humanidade se sobrecarrega e nosso espírito se cansa ao nos envolvemos com situações complicadas ao longo do dia. O espírito diz: 'Já falei mais de dez vezes, mas nada mudou'. O espírito não sabe onde encontrar forças tão rápido para voltar ao que era antes. Precisamos recarregar o espírito, e somente freando o ritmo da vida seremos otimistas e serenos. Assim, comece vendo as nuvens. As crianças veem nelas belíssimas imagens de carneirinho, cavalo, coração... Esse gesto recupera algo que a infância tem de bom e virtuoso, pois as preocupações não se tornam tão grandes assim. Passe a ouvir músicas agradáveis, pois elas nos levam a um espaço cheio de prazer. Comer lentamente, garfada por garfada, sentindo o sabor de todas as coisas ligando tudo à vida, levando a lembrar do tempero de nossa família. Como isso é prazeroso! O bom cheiro das coisas agradáveis também nos fascina e nos eleva. Desse modo, não podemos deixar de investir nas boas lembranças, pois elas nos tiram da realidade, levando-nos a dimensões incríveis do ser. Podemos estar sozinhos e começarmos a lembrar de coisas que nos levam a rir. Carregue teu espírito com as boas coisas da vida e verás que, abastecido de paz, tudo correrá bem".

O problema não são os outros, o problema é teu. Tenha paz de espírito
São Francisco recebeu uma jovem mulher da cidade de Perúgia chamada Anna. Ela se queixava muito do povo daquela cidade devido aos muitos aborrecimentos que teve. Ela disse: "Frei Francisco, não tenho como combater essas pessoas. Isso me deixa muito irritada. O que devo fazer? Por favor, me aconselhe". São Francisco, então, tomou a palavra: "Amada filha de Deus, vejo que tens a ansiedade fora do controle; ela está te angustiando. O tempo corre e as pessoas não mudam seus pensamentos e ações. Por não teres conseguido resolver o que desejavas, ficaste angustiada por se decepcionar com o resultado. Realmente o problema não está nos outros, mas em ti. Todos temos o livre-arbítrio. Assim, a decisão de fazer isto ou aquilo, desta ou daquela forma não depende de ti. Eu te ajudarei a controlar tua ansiedade, pois ela está te fazendo um grande mal. É preciso desacelerar a vida, pois o modo que estás tentando dominar as coisas não te fará bem. Comece olhando para o céu e veja as nuvens – no tempo da infância isso era divertido; mantenha as boas lembranças no coração e saiba que nada é em vão".

Deus age em você
Em outros lugares São Francisco foi mediador nas lutas de classe. Certo dia desejou visitar a cidade de Arezzo, numa

ocasião em que ela estava em guerra civil. Massacravam-se grandes e pequenos, e toda a cidade parecia estar irremediavelmente condenada à ruína. São Francisco mandou à frente um companheiro seu, o Irmão Silvestre, e disse-lhe: "Às portas da cidade e da parte de Deus todo-poderoso, ordena aos demônios que a abandonem o mais depressa possível. Silvestre desempenhou-se do encargo com piedosa simplicidade. Diante do povo amotinado, São Francisco dirigiu-lhe sua habitual saudação de paz, e a calma foi restabelecida em pouquíssimo tempo. Assim é que este homem pacífico se tornou o salvador da cidade.

Onde reina o amor, fraterno amor, Deus aí está
São Francisco se dirigiu à região da Sabaldia, Itália, onde havia um conflito entre dois duques por conta das terras e do povo. Um dizia que o outro havia invadido suas terras, e o outro que o seu povo foi humilhado e ultrajado. Por isso um deles se achava no direito de invadir, e o outro no direito de escravizar. Um pequeno grupo de frades enviou mensagem a São Francisco para que ele pudesse ajudar promovendo uma possível trégua, pois com o espírito endurecido os dois não cederiam em nada. São Francisco pediu aos frades para que convencessem ambos a participarem de uma missa na qual ele faria a pregação. Os frades não entenderam o que São Francisco desejava com aquilo, pois não viam nisso a solução; era necessário um acordo entre ambos. São Francisco lhes disse: "Onde dois ou mais estiverem reunidos em meu nome, lá eu estarei [frase dita por Jesus]. Há circunstâncias na vida em que nossas forças não conseguirão resolver, mas se continuarmos acreditando em Deus e nos entregarmos a Ele, sairemos vitoriosos". Os irmãos foram fazer o convite aos duques, conforme o pedido de São Francisco. O primeiro deles aceitou, perguntando

se o outro também iria, pois isso não criaria uma má impressão de si para a comunidade. O segundo, relutante, mas convencido pela esposa, confirmou sua presença. Ela lhe disse: "Esta é a chance de mostrares que temes a Deus e que Ele está ao teu lado". Olhando para aquele cenário era possível perceber que a intenção de ambos não era se reconciliarem diante de Deus, mas se encontrarem num espaço comum. Chegada a hora da celebração, os dois foram convidados a se aproximarem de São Francisco. O Santo de Deus tomou a palavra: "Em Deus somos livres, tão livres que não existe ódio ou mágoa que nos impeça de ir ao encontro do próximo e de nos relacionarmos. Como diz o salmista: 'Deus habita no coração do homem'. Lá somos livres para perdoar e amar; reconhecemos nossa pátria, onde diferenças se unem para construir; lá as fronteiras deixam de existir a partir de Deus, que diz: 'Ama o próximo como a ti mesmo'. Entra na tua verdadeira pátria, em teu solo sagrado, reconciliando-te com Deus, pois assim verás que ali há espaço para muitos, e até mesmo que não há limites. O movimento de paz começa de dentro para fora". Ao terminar a missa os duques fizeram as pazes e puseram fim aos conflitos. Os frades perguntaram a São Francisco: "O que aconteceu?" Ele respondeu: "Onde reina o amor, fraterno amor, Deus aí está".

A fé não é hereditária e a beleza está no livre-arbítrio
São Francisco participava de uma celebração na cidade de Taranto. Ao terminar foi surpreendido por uma mulher que dizia: "Estou muito orgulhosa de minha filha. Não sei quem tu és, senhor, mas não pude deixar de ver que teu semblante estava tão mudado durante a celebração, que isso me deu coragem para lhe contar a tamanha alegria que tenho em meu coração. Na missa me deparei com minha filha mais velha fazendo as

leituras e ajudando no canto. Dediquei-me tanto na adolescência quanto na mocidade para servir a esta Igreja, pois aqui conheci o Deus libertador. Não quis pressionar meus filhos para terem esta religião, mas hoje fiquei encantada quando vi a atitude de minha filha". São Francisco, que ainda não havia se identificado àquela mulher, disse: "Afetuosos estão meus ouvidos ao sentir tuas palavras cheias de vida e sentimento. O bom Deus não é imposição, nem mesmo se reveste de crueldade, como muitos tendem a falar, mas é puro amor. Ele não pede que nos aproximemos dele por obrigação ou medo, mas nos propõe um caminho: 'Você quer?' Em Jesus temos livremente esta proposta: 'Eu sou o Caminho, a Verdade e a Vida...' Isso nos diz que não há imposição, mas livre-escolha: 'Se quer me seguir, toma a tua cruz e siga-me'. Mulher, estou alegre com a tua alegria, pois ela vem de uma única fonte: Deus". Ao encerrarem aquela conversa os dois se abraçaram e São Francisco retornou a Assis.

Devolva ao coração a esperança

Nos arredores de Assis São Francisco passava por uma linda área de cultivo de oliva. Apreciando aquela beleza organizada pelos homens, encontrou um velho fazendeiro, sentado em um banquinho. Olhando para São Francisco, ele disse: "Conheço teu rosto a quilômetros, pois eu e teu pai fomos amigos". São Francisco saudou o senhor e se aproximou. O homem continuou: "O tempo passou e cresceste muito. Tua rebeldia custou muito para teu pai. Se ele se angustiou contigo, imagine eu com o meu filho, que foi para a Cruzada e não voltou". São Francisco respondeu: "Não temos como predizer o futuro, nem mesmo decidir como será, assim como não podemos fugir e evitar as angústias. Cabe a nós repousarmos em Deus

para suportamos melhor, pois já no suportar existe superação".
"E o que faço com este coração ligado ao meu filho?" São Francisco respondeu: "Reze". "Já rezei e não adiantou. Pode ser que a esta altura ele já esteja morto". São Francisco lhe disse: "Então continue insistindo até receber uma resposta de Deus, pois eu estarei rezando contigo". Três meses depois o velho homem recebeu o filho em casa, e na mesma hora, abraçando o filho, disse: "Muito obrigado, Francisco, pois realmente Deus existe!"

A salvação não está no absoluto
São Francisco e o Irmão Macabeu, ao retornarem de Ravena para Assis, conversavam pelo caminho.

Irmão Macabeu: "Francisco, há um assunto que me deixa intrigado quando recordo das palavras de Macário, um dos Padres do Deserto".

São Francisco: "Não turbe teu coração, amado irmão. Somos em Deus encorajados a viver e compreender mais este mundo e nossa existência. Aquilo que custa entendermos avança o tempo em busca da sabedoria, que um dia vai nos adentrar e ser instrumento de luz para enxergarmos com mais clareza".

Irmão Macabeu: "Francisco, posso pedir que me instruas neste momento? Não aguento ser tão inquieto, uma vez que busco a ação do Senhor em minha vida".

São Francisco: "Irmão Macabeu, vejo que isso te incomoda muito. Sendo eu tão simples, será que vou te ajudar ou piorar a situação?"

Irmão Macabeu: "Francisco, conto com tuas palavras e insisto para que me apontes um rumo, e assim eu possa me sentir mais seguro. Deus revela em ti uma pedagogia muito próxima e atraente aos pobres".

São Francisco: "Então, Irmão Macabeu, expresse aquilo que Macário, Padre do Deserto, disse ao mundo".

Irmão Macabeu: "Diz a tradição que um irmão foi até Macário e lhe perguntou como poderia, por si mesmo, alcançar a salvação. Macário o aconselhou a ir, em primeiro lugar, ao cemitério e afrontar os mortos com todo tipo de injúrias, e assim fez o pobre irmão. Em seguida Macário pediu que retornasse ao cemitério e elogiasse os mesmos mortos que antes havia injuriado. Feito isso, ele perguntou a Macário o significado de tudo aquilo. Macário lhe respondeu: 'Se queres alcançar a salvação seja como os defuntos: mortos para tudo'".

São Francisco: "Irmão amado, o Senhor se revela forte e vigoroso. Para Deus nada é impossível, e se nos oferece a salvação, então cabe a nós encontrá-la".

Irmão Macabeu: "Mas, Francisco, é isso que não entendo. Temos que morrer para encontrar a salvação?! Isso não faz sentido, pois estando vivos e dando valor ao que Deus deu, a todo mistério da criação, é que encontramos nosso destino, que é a própria salvação".

São Francisco: "Irmão Macabeu, não hesite tanto em querer uma única resposta como absoluta, tornando todas as outras inválidas ou inúteis. O bom Macário estabelece uma luz radiante no meio de nós".

Irmão Macabeu: "Se não devemos sentir nada pelos outros, como poderemos encontrar a salvação? Como posso ter a compaixão do bom samaritano?"

São Francisco: "Irmão Macabeu, Macário nos coloca em contato com os nossos sentimentos. Tanto negativa quanto positivamente nós os colocamos como essenciais à nossa salvação. Provamos sentimentos de raiva e queremos controlá-los; provamos da bondade e dos elogios e achamos que nisto está a nossa salvação. Macário quer dizer para nos libertarmos dos sentimentos como processo de conquista da salvação e nos voltarmos para Deus. Que nosso olhar esteja naquele a quem nada é impossível. Não precisas ter compaixão, mas ouvir Deus em teu interior, deixando-te ser compaixão. Santo Agostinho diz que 'A medida do amor é amar sem medida'. A forma terapêutica de Macário nos leva a confrontar com nossos sentimentos e não aceitarmos o ser humano como o fim de tudo. Propõe irmãos ao infinito e percebermos que o ser humano, com todas as suas possibilidades, não é senão conhecimento e sabedoria na revelação de si mesmo. Em Deus o ser é".

Irmão Macabeu: "Sinto meu coração dócil e fazendo o caminho em direção a Deus. O exclusivismo que dei às minhas ideias sobre o pensamento e ensinamento de Macário me colocou há muitos anos de distância da sabedoria e compreensão. A sabedoria realmente não foi dada aos sábios e entendidos, mas aos pequeninos, para assim confundir os grandes".

São Francisco: "Porém, jamais se esqueça de que Deus nos deu a condição de nos tornarmos pequenos e últimos neste mundo para sermos os primeiros e maiores em seu reino".

O pecado original não existe se ouvimos Deus
Um jovem camponês da região de Puglia cultivava sua horta quando recebeu a notícia de que São Francisco de Assis estava a caminho e iria pernoitar naquele lugarejo. Aquele jovem tratou o fato com zombaria: "Não vejo brilho algum em exaltar um homem que, como eu, é feito de carne e osso. O que faz este homem ser mais do que eu?" A resposta do mensageiro foi simples: "Não diga isso, mas veja com os próprios olhos o que Deus faz através deste pobre homem". A noite chegou e as pessoas do lugarejo se reuniram na pequena igreja local. O ser-

vo de Deus Francisco se encontrava rezando ali de joelhos por muito tempo e vencia a fadiga e o jejum como se não houvesse tormento algum. O jovem camponês, vendo a movimentação dos habitantes do lugarejo, resistiu a ir ao encontro do santo servo de Deus, mas a curiosidade e a ansiedade invadiram seu coração. Chegando à igrejinha, encontrou São Francisco pregando contra os vícios, mas o jovem tinha pavio curto, e exclamou em alta voz, chamando a atenção de todos: "A Igreja nos chama de pecadores, e que somos isso diante de Deus. Ela nos diz que nascemos com o pecado original, que realmente não temos uma explicação do que é. Então vem você se achando mais do que nós para dizer verdades, se achando santo para todos. Que direito tem essa Igreja de nos acusar e ao mesmo tempo ditar a verdade para nós?" O Servo de Deus tomou a palavra: "Amado irmão, não vim acusar ninguém, mas em nome de Deus, que ao chegar a este lugar me pôs a rezar e a entrar em comunicação com Ele. Assim, não tenho necessidade de falar contigo". O jovem camponês retrucou: "Não te considero alguém maior do que eu". O Servo de Deus Francisco levantou a mão e pediu paciência àquele jovem: "Irmão, me permita a palavra? Quero continuar o que comecei. Acredito em tuas palavras, mas te convido gentilmente a me acompanhar em minha reflexão para adentrarmos nos mistérios de Deus. Em primeiro lugar, não percamos tempo julgando os outros. Muitos o fizeram, mas o Cristo Senhor nos dirigiu estas palavras: 'É dos anjos fazer a ceifa, separando o joio do trigo', mas não a nós. Por isso repito: Não percamos tempo julgando o que não nos compete. Em segundo lugar, precisamos entender que o Criador expulsou Adão e Eva do paraíso, levando-os para a região desértica onde tudo se daria através do trabalho do homem com Deus. A árvore da vida foi plantada no interior da humanidade, pois ao comer dela sua semente entrou no solo da humanidade. Todos nascemos da árvore que leva a humanidade à morte, pois, como o Sl 50 diz: 'Minha mãe me concebeu e deu-me à luz na iniquidade'. Isso diz que somos filhos de um mundo sem lei, sem limites, que os antigos chamavam de desobediência original. Portanto, precisamos ser senhores de nós mesmos". O jovem camponês interrompeu a fala do Servo de Deus: "O que você está querendo dizer com isso?" São Francisco lhe respondeu: "Entenda que não precisamos de uma árvore fora de nós para nos tornar arrogantes, cheios de si. Temos acesso ao fruto proibido assim que nascemos; nossos atos contra o próximo nos condenam antes de os praticarmos. Isso implica dizer que não praticamos o que não sabemos. Ninguém, além de Deus, faz nada do nada, mas de algo que já existe. Se a desobediência existe, então seremos desobedientes". O jovem camponês, de maneira muito irritada e arrogante, lhe perguntou: "Porém, quem diz a quem devo obedecer, segundo as tuas palavras?" O Servo de Deus lhe respondeu: "Deus, que está em nosso interior. Nós comemos da árvore da vida, do bem e do mal quando nos colocamos acima de todos com uma arrogância que nos leva à cegueira diante de toda a criação. Ele diz para não maltratarmos os animais, porém muitos comem do fruto proibido proporcionando a si mesmo o direito de bater em um ser inofensivo, levando-o à morte; o direito de destruir rios e florestas. Com arrogância e farto dos frutos que comeu, fere e mata seu próximo". O jovem camponês, arregalando os olhos, sentiu que aquelas explicações começaram a torná-lo mais dócil. Continuando, São Francisco disse-lhe: "Falo com toda veracidade de que precisamos escutar Deus que habita em nós, pois somente Ele nos faz sair da condição de foras da lei para abraçarmos a condição de santos. Estes buscaram escutar Deus initerruptamente, voltando-se ao deserto interior para se encontrarem com Ele. Lá onde Deus habita, os santos escutaram e obedeceram com amor e afinco, abandonando assim a 'região da árvore' que os seduziu e não os levou a se encontrarem com a criação e seu mistério". O jovem camponês sorriu, pois aquelas palavras o levaram a compreender mais o mistério de Deus e da criação. Todos sentiam sair da boca de São Francisco a autoridade com que falava das coisas de Deus. E o Servo de Deus continuou: "Assim, os santos deixaram de consumir da árvore sedutora que os fazia se tornarem deuses de si mesmos, esmagando o próximo, para amarem toda a criação, tornando-se especiais". O jovem camponês, de forma suave e tranquila, pergunta: "O que é ser especial nesse caso?" Os habitantes do lugarejo se abismaram ao ver a mudança de postura daquele jovem diante de São Francisco. Este lhe respondeu: "Tornar especial para este mundo é assumir os traços de Cristo Jesus. Nosso Senhor toma nossa carne e diz que não precisamos ser deuses, mas amigos e irmãos de toda criação, integradores de tudo o que existe. Não existimos sós, mas estamos num mundo habitado por muitos seres, de várias espécies. Ser especial não é estar acima de ninguém, ou mesmo abaixo de alguém, mas oferecer a tudo e a todos o amor. É este que nos torna especiais. A árvore do bem e do mal não nos permite amar, mas nos considerarmos absolutos e cheios de razão. Deus diz em nosso coração para sermos gentis, corteses e amorosos". Então aquele jovem camponês disse: "Desde que escutei que irias passar aqui, comi da árvore do fruto proibido, achando que da mesma forma que me tiraram a razão dizendo e afirmando que sou somente pecador, tu farias o mesmo. Agi com arrogância, mas no caminho que me conduziste vi muita luz. Agora encontrei com Deus, irradiado por ti com palavras e gestos tão gentis e amorosos". O Santo de Deus afirmou: "Irmãos, a origem está em nós, mas também no Originador de tudo. O Criador não nos impede de tomarmos o fruto proibido, mas nos mostra que não precisamos ser deuses arrogantes e ilimitados. Ele nos concede a graça de obedecermos ao amor para irradiarmos em nosso exterior o eterno amor: 'Façamos o homem e a mulher à nossa imagem e semelhança'".

A simplicidade das crianças as ajuda a entender o amor de Deus

Passeando pela fonte na praça da cidade de Arezzo, São Francisco encontrou algumas crianças que, curiosas, lhe perguntaram: "Ei, moço, quem é você?" "Eu sou um filho de Deus". "Moço, outro dia te vimos entrando naquela Igreja, moras lá?" "Eu não, mas Deus sim. Eu vim visitar Deus no seu corpo que está no sacrário. Vocês sabem o que é um sacrário?" Uma das crianças respondeu: "Meu pai disse que é onde Jesus está. Mas não é apertado?" Com uma bela gargalhada São Francisco respondeu: "Vou ajudar você e as outras crianças a conhecerem um pouco mais sobre Deus. O nosso Pai do céu criou tudo o que existe. Mas Ele, que tanto nos ama, decidiu vir morar conosco e assumiu um corpo, em Jesus Cristo; ou seja, o Pai do céu também é Filho. Vejam que é muito complicado". As crianças começaram a rir e disseram: "Você fala coisas difíceis". "Não se preocupem, pois com o tempo, se relacionando com Deus, o mistério que se revela, vocês terão iluminação interior. Ou melhor, o tempo vos ajudará a entender mais o Deus que se revela. Bem, Nosso Senhor está em forma de hóstia no sacrário. O Cristo se dá em forma de pão, que se torna sua própria carne". As crianças perguntaram: "Mas é muita carne? E não se estraga?" São Francisco, com olhar sereno e afável respondeu: "Nós precisamos de quantos sóis para iluminar o mundo?" As crianças responderam: "Somente um". "Isso mesmo. Um só que chega a todos, e quem não quiser, basta fechar a janela. Cristo chega a todos da mesma forma que os raios de sol. Ele se dá no pão sem fermento. Assim, o pão não muda sua forma, mas sua essência; pois o que se vê é pão, mas o que a fé nos revela é o Corpo de Cristo. Gostaram da explicação?" As crianças responderam juntas em um só coro: "Sim!" Então São Francisco disse: "Não esqueçam de visitar Cristo, pois Ele veio ao mundo porque gosta muito de vocês".

É preciso saber de onde realmente vem o veneno

Dois irmãos brigavam entre si no Convento de Cannara, nos arredores de Assis. Estando em oração, o Espírito de Deus inspirou em São Francisco o desejo de ir ao encontro deles. Tratava-se de um pequeno convento onde habitavam três frades. São Francisco, chegando àquele convento notou algo estranho entre dois frades e que o terceiro frade falava com um e desprezava o outro. O irmão desprezado, em particular, suplicou a São Francisco para que o tirasse daquele convento imediatamente. São Francisco disse: "Irmão, desculpe em te dizer isto, mas a única oportunidade para te reconciliar com esse irmão é continuar morando aqui. Sinto que tudo está obscuro, mas para o teu bem não posso tirar de ti este confronto. Sentirás que a fraternidade te engole e darás passos diferentes do cotidiano. Deixa-me te ajudar". São Francisco foi ao encontro do terceiro irmão e o chamou para conversarem em particular: "Vejo que te comunicas muito com um irmão e que desprezas o outro". "Que acusação é esta, Irmão Francisco?" "Você tem um espírito tirano e destruidor. Dois irmãos brigam e você toma partido, escolhendo um deles?" "Nada tenho a ver com a briga de ambos. Cada qual deve ter consciência do que faz". São Francisco disse-lhe: "Irmão maquiavélico, deverias se empenhar para que os dois se reconciliassem, mas promoves a discórdia, incitando o ódio entre eles. Na verdade, não possuis atitudes evangélicas e merece ser transferido. Hoje mesmo sairás deste convento e morarás comigo em Assis. Trabalharás ao meu lado para resgatar tua obediência a Deus". São Francisco se despediu do convento levando aquele frade.

Depois de uma semana ele retornou àquele convento e foi recepcionado alegremente pelos dois confrades: "Irmão Francisco, reconhecemos o quanto fomos envenenados pelo orgulho e cegos ficamos um diante do outro, mas a oportunidade de nos unir estava tão perto de nós, que não entendemos como deixamos passar". São Francisco disse: "Não eram vocês que precisavam se distanciar, mas o coração egoísta que se sentia tão cheio por possuir um escravo e maltratar o outro. Esperamos que o Evangelho continue nos convertendo e unindo o nosso coração. Enfrentemos o que nos causa dor e sofrimento, e no Espírito de Deus seremos vencedores".

Igreja de Deus

São Francisco foi a Pádua para se encontrar com alguns formandos. Reunidos em uma sala humilde e simples, o Santo de Deus, iniciou aquele encontro convidando a fazerem juntos esta oração: "Nós vos adoramos, Santíssimo Senhor Jesus Cristo, aqui e em todas as vossas Igrejas, e vos bendizemos porque pela vossa santa cruz remistes o mundo". Ao terminarem a oração, um dos formandos perguntou a São Francisco: "O que quer dizer aqui e em todas as vossas Igrejas?" O Santo de Deus respondeu: "Não rezo pelas igrejas de pedra, mas pelas

Igrejas vivas, que são todos os que no mundo louvam e servem a Deus, o qual reconhece a fé de cada um. Aqui é o lugar de adorar a Cristo, que vai além do fato de ajoelharmos diante de seu corpo, mas de adorarmos em espírito e verdade. Os meus e os vossos atos deveriam ser de verdadeiros adoradores". Um outro formando lhe perguntou: "Mas não podemos entrar em todas as igrejas. Então como seria essa adoração?" O Servo de Deus tratou com respeito e sabedoria: "É certo o que perguntas. Sabemos que o nepotismo é realizado com muita frequência em nosso tempo, pois muitos possuem como herança as igrejas de pedra. Para mim as pessoas são de Cristo, por Cristo, com Cristo e em Cristo. Nele reconheço sua Igreja, que em sua diversidade confessa nas suas variadas formas, mas em tudo realizam o amor que Deus espera neste mundo. Assim, não é difícil reconhecer que a cruz de Cristo é quem nos redime. O amor supera tudo em todos os lugares".

Deus e o homem

Certo dia um jovem se encontrou com São Francisco e lhe perguntou: "O que eu sou para Deus?" São Francisco lhe respondeu: "Filho!" "E o que sou para a humanidade?" São Francisco lhe respondeu: "Irmão!"

Conversas com o anjo interior

Estando em contemplação, São Francisco pergunta ao anjo interior: "O que a humanidade espera deste mundo tão caótico?" E a luz, alcançando seu coração, respondeu: "Tudo". Porém, São Francisco não resistiu em perguntar mais uma vez ao anjo interior: "Então, do que precisa a humanidade neste mundo?" A luz alcançou seu coração com esta resposta: "De nada, somente se conhecer".

O interrogatório de São Francisco

São Francisco, estando na Igreja de Santa Cruz em Florença, foi surpreendido por três jovens que desejavam obter respostas definitivas sobre vários assuntos. Eles começam lhe perguntando: "Francisco, por que temos de chamar Deus de Pai? De onde vem essa obrigação?" São Francisco respondeu: "De Jesus Cristo, aquele que é o Santo dos Santos. Foi o próprio Cristo que, atendendo a um pedido dos seus discípulos, ensinou-os a rezar, e que pela tradição chega a nós. Se Cristo chama Deus de Pai e nos ensinou assim, talvez não custe nada para nós chamar Deus de Pai, aprendendo a conhecê-lo como Jesus o conhece". Os jovens insistiram em perguntar mais uma vez: "E Maria, por que a chamamos de mãe?" São Francisco olhou com ternura aqueles jovens irmãos e dedicadamente respondeu: "Na cruz Jesus passa a sua filiação de Maria ao discípulo amado, pois todo aquele que se sente amado por Cristo assume em sua própria vida a filiação de Maria. Eu sou amado por Cristo e também um de seus discípulos em minha época. Aprendi a falar a palavra mãe porque fui repetidamente ensinado a pronunciá-la, e acredito que todos ficaram contentes quando a pronunciei pela primeira vez. Jesus me ensinou a pronunciar esta palavra em relação à sua própria mãe quando me chamou de amado e me ofereceu a ela como filho". Os jovens então começaram a fazer perguntas mais profundas: "Como provamos que Deus está presente?" São Francisco deu um suspiro, colocou a mão no queixo e disse-lhes: "Deus acredita em nós e nos ensina a responder-lhe com nossa própria fé. Se quisermos ver determinadas coisas necessitamos de instrumentos específicos para isso. A fé é esse instrumento que usamos para alcançar Deus e sua presença.

Ele se faz presente nos animais, nas plantas, em todos os seres. Deus está tão presente, que cada realidade da existência é mistério de Deus. Os pássaros são mistério de Deus, as plantas são mistérios de Deus e cada pessoa deste mundo é presença misteriosa dele. Devíamos tratar cada mistério de Deus como sua forte presença, usando de respeito e compaixão. Porém, muitos maltratam tudo e a todos. Quantos aprisionam os pássaros, há aqueles que maltratam os animais, os que destroem as plantas e rios, outros aniquilam seus semelhantes. Deus é uma presença que a fé não coloca obstáculos, mas aproxima tanto que nos torna capazes de nos relacionarmos com Ele". Os jovens disseram a São Francisco: "Agora essa é para acabar. Como podemos amar a Deus em todas as suas criaturas, sabendo que umas até matamos para comer?" São Francisco disse: "Realmente vejo jovens que estão me colocando em situações difíceis. Devemos amar a criação, pois todos somos criaturas. A única diferença é a espécie. Há animais que dão a vida por nós, pois mesmo que não tenham tido o direito de escolher morrer por nós, devemos reconhecer que aquele frango, aquela carne de boi ou mesmo o leite de vaca que bebemos são doações de um ser vivo que se alimentou e se dedicou a nós. Por isso, rezamos antes das refeições, agradecendo ao Criador que nos alimenta. Deus não nos autorizou a devorarmos, mas servimos a todos dando nossa própria vida. Será mais justo se tratarmos a criação como espaço de doação de cada um para com tudo o que existe. Cristo se doou, passando nesta terra fazendo o bem a todos, até a ponto de morrer na cruz e de se dar como alimento a todos nós. Que teu corpo seja a casa da doação a todos, respeitando e amando tudo o que existe. Deus sempre será amor".

São Francisco explica o mundo a três jovens

Saindo de Assis rumo ao convento dos frades situado nos arredores da cidade de Foligno, São Francisco encontrou um bom lugar na relva para se deitar. Era um lugar cheio de margaridas com borboletas e abelhas. Três jovens corriam pelo campo e uma delas reconheceu o Pobre de Deus. Aproximaram-se dele e lhe perguntaram: "Estamos te incomodando? Não és aquele a quem chamam de Francisco, o Santo? Que fazes por nossa região?" São Francisco lhes respondeu: "Calma, irei responder a cada uma das perguntas", e começou a dar gargalhadas. "Bem, sou eu mesmo, Francisco; mas não sou santo, porém almejo praticar a santidade em minha vida. Estou indo a Foligno visitar meus irmãos frades menores. E, por fim, vocês não me incomodam, pois estou a serviço de Deus e dos irmãos". Uma delas começou a descrever sua viagem com a família a outras terras e que lá havia encontrado muitas heresias sobre Cristo e a verdadeira religião. São Francisco lhe disse que não estamos sozinhos neste mundo, e que corações sem o interesse de servir a Deus também estão espalhados. A Igreja Santa pertence a Deus, mas Ele não é propriedade nossa. Deus se revela a todos como quer; portanto, não podemos padronizar a verdade e nem determiná-la, mas reconhecer que da forma que se manifesta para os cristãos ela concede vida plena e salvação. Uma outra comentou que encontrava entre aqueles que pregavam heresias numerosos adeptos, que poucos vivem a catolicidade e que desses sentia pouco entusiasmo na prática da própria fé. São Francisco olhou para o céu e disse: "Há muitos que vendem a mentira como se fosse verdade; há outros que passam a verdade como mentira. Sejamos de Deus até o fim de nossa vida".

São Francisco e a filha do Evangelho
Depois de dois dias navegando, São Francisco chegou ao porto da Sardenha. Em determinada esquina encontrou uma jovem que, afastada e escondida da visão de muitos, chorava com as mãos no rosto. São Francisco foi ao seu encontro, tocado pela compaixão em seu coração, pois o anjo interior o fizera encontrar com tal criatura necessitada. Aproximou-se devagarinho sem que ela percebesse e, de forma suave e sem causar espanto, tocou-a nos ombros, sussurrando: "Acalma-te, amada filha de Deus! Venho em paz para te fazer companhia". A jovem virou-se, tirando as mãos do rosto lavado em prantos, e viu diante de si um homem baixinho, sorridente e de braços abertos. Sentindo no coração o desejo de abraçá-lo, não perdeu tempo. São Francisco lhe perguntou: "O que guardas no coração que te deixa nessa tristeza?" A jovem começou a contar sua história: "Sou a segunda de três irmãs. A mais velha está noiva, mas seu noivo é de família pobre. Minha mãe faz muita maldade aos dois, pois deseja impedir que o casamento deles se realize. Nós, como irmãs, aprovamos sua união, pois vemos o quanto são felizes juntos. Mas, como filhas, nossa mãe nos obriga a estar do seu lado e ajudá-la nas tramas contra esse matrimônio. Sou filha do Evangelho de Deus e não desejo fazer maldade, mas minha mãe é tão forte e severa em seu trato conosco... Já não tenho forças para suportar isso". O Pobre de Deus acalmou aquela jovem com estas palavras: "Filha do Evangelho, cumpre o que é do teu ser. Cristo disse que aquele que deixar casa, mãe, irmãos, irmãs e tudo por seu reino receberá cem vezes mais. Chegou a hora de abandonar as atitudes e pensamentos de tua mãe; deixe-os e verás que ao defender o matrimônio de tua irmã estarás praticando a justiça do Reino de Deus. Isso vai te garantir receber cem vezes mais". A jovem,

tomada de coragem, enxugou o rosto e, revigorada, decidiu lutar em favor dos que ama. São Francisco disse: "Não volte a beber da fonte original".

A via-sacra de cada um

São Francisco pregava na cidade de Abruzzo, em uma Sexta-feira Santa, sobre a via-sacra, suscitando no coração dos fiéis daquele lugar a espiritualidade própria da devoção. Dizia-lhes que a via-sacra nos faz crescer no dia a dia; que somos levados a reconhecer que carregar a cruz é o mesmo que assumir a própria vida, com as nossas escolhas. Ao caminhar com peso nos ombros, possivelmente teremos muitas quedas, mas elas não impedirão que nos levantemos. O cansaço nos acompanhará e sempre comprometerá nossa vontade para que desistamos. Carregar a cruz acompanhada de sofrimento nos desestimula a cada segundo, mas sejamos insistentes e constantes no cumprimento de nossa meta: alcançar o topo da montanha. Na vida achamos que estamos sós, mas rodeados de pessoas que fazem chacotas, que são negligentes, escarnecedoras, zombadoras, com más intenções no coração. Mas na vida também há sempre um Cireneu – quem nos ajuda – e que muitas vezes não percebemos; sempre há alguém que, por menos que nos faça, pode aliviar nosso peso. No caminho encontramos pessoas que choram, rezam e enxugam nossas lágrimas, pois o percurso cheio de dor não se atravessa sem o auxílio de Deus. Enfim, chegamos ao topo com toda carga de sofrimento, e o que mais assusta é o fato de que inevitavelmente seremos crucificados. Mas há algo esplêndido nisso tudo: o ato por amor se torna doação de si próprio. Aquele que, alcançando o topo, finca sua cruz, transforma-se em exemplo para muitos. Ele dá sentido a tudo, assumindo o sentido incondicional de Jesus: foi por amor.

Ao final da pregação o povo de Abruzzo entendeu que o amor é o sentido incondicional da vida. Viver de amor é uma estranha loucura.

São Francisco levou a verdadeira liberdade aos encarcerados

São Francisco decidiu, por moção do Espírito Santo, visitar um presídio no norte da Itália. Ao chegar, o Espírito de Deus lhe revelou que ali encontraria corações duros, mas que fosse avante na mensagem do Reino de Deus por amor ao próximo. O administrador do presídio disse: "Tu, um homem bom e honesto, de boa fama e reputação em toda a Itália, vens fazer o que neste lugar?" São Francisco lhe respondeu: "Vim em nome de Deus, pois sou seu arauto da paz. O Espírito do Pai me revelou que homens desta prisão precisam ouvir sobre o Reino de Deus e saber que Ele os ama". O administrador, abismado, disse: "Atenderei ao teu pedido, mas sei que é inútil tua ação para com estes homens. Eles são ladrões e assassinos, que devem à sociedade muito mais do que se pensa". São Francisco tomou a palavra: "Irmão, anima-te, pois Deus ama a todos sem distinção, quanto mais as ovelhas perdidas de sua casa. Ele não poupará em resgatá-las. Deus acredita em cada um de nós, e sempre espera". O administrador chamou o carcereiro, que levou São Francisco para dentro da prisão e o fez esperar em um pátio aberto. Trouxe o primeiro prisioneiro, dizendo-lhe: "Este é um ladrão vil e desprezível, atormentou muitas cidades assaltando e praticando a violência". Trouxe outro, dizendo-lhe: "Este é um assassino em série, que não poupou as famílias que perderam seus entes queridos". Trouxe muitos outros, apresentando publicamente seus crimes. Quando São Francisco abriu a boca para falar, um dos detentos tomou a vez e disse-lhe em voz alta: "O que te fez vir aqui? Somente para provocar a nossa ira jogando em nós lições de moral? Por acaso vem dizer que somos pecadores e merecemos o inferno pelos nossos crimes cometidos?" São Francisco, num sussurro leve e tranquilo, disse: "Não, irmão, não venho para isso que perguntas, mas, da parte de Deus, transmitir o que me foi revelado. Irmãos, a conversão vos faz retornar verdadeiramente àquilo que são: Deus criou tudo e viu que era bom. Ninguém me enviou aqui senão o Pai que está nos céus e cuida de nós". Outro detento disse: "A única coisa que precisamos é sair daqui. Por acaso tu irás abrir as portas?" São Francisco respondeu: "Amado irmão, vim abrir, em nome de Deus, a porta que te fez entrar nessa condição e o levou a ficar preso. Vim convidar a cada um de vós a se libertar do jugo que vos fez entrar aqui. Levar-vos para fora destes muros de nada adiantará se não sairdes daquilo que vos fará retornar. Fechai os olhos e escutai estas palavras. 'Se eu não acreditasse em ti não estaria aqui para te resgatar. Eu, o teu Senhor, quero mais do que tudo ser teu Pai. Permita-me aproximar do teu coração e te libertar das trevas. O teu único mestre será o Verbo – meu Filho Jesus Cristo –, que te resgatou na cruz. Volta à tua verdadeira natureza, pois sabes que és bom, e agora te dou a chance de te arrependeres e voltares à sua essência. Volta, meu filho, que te carregarei nos braços através de meu servo Francisco. Nunca negues meu amor, pois Eu te amo e vim te resgatar'". Abrindo os olhos em lágrimas e de joelhos, todos juntos disseram: "Senhor, salvai-nos". Ao sair, o administrador do presídio olhou para São Francisco e lhe disse: "É impossível que estes homens que fizeram tantas atrocidades pelo mundo sejam perdoados por Deus". São Francisco disse-lhe: "Agora é preciso que festejemos, pois nossos irmãos, que estavam perdidos, retornaram;

que estavam mortos, voltaram a viver, pois tudo que é do Pai também é nosso. Lembre-se: para Deus nada é impossível".

Qual o teu lugar no mundo
Em Roma, rezando na Igreja de São João do Latrão, São Francisco foi interrompido no meio de sua adoração. Um jovem em prantos lhe pediu ajuda, e São Francisco lhe perguntou: "Filho, o que te perturba?"
O jovem estava sendo atormentado pela escolha difícil entre a vida sacerdotal e o casamento. "Há alguns anos estou na formação ao sacerdócio mas não consigo vencer esta paixão que invadiu meu coração. Desejo servir a Deus de todo o coração, mas me sinto a pessoa mais errada deste mundo". O Seráfico Pai Francisco, de forma prestativa, o escutou, e movido pelo Espírito Santo o aconselhou: "Não somos pessoas erradas, mas sim, pessoas que precisam encontrar o lugar certo. A paixão mora em nosso coração, e isso não podemos tirar. Deus não é a rigidez da lei, mas amor puro. Deixa o Espírito Santo te iluminar para que encontres teu lugar no mundo".

Duas asas
Uma criança se aproximou de São Francisco e lhe disse, com um belo sorriso: "Como faço para ser amigo de Deus como você?" "Doce criança, a fé é uma condição especial. Ela começa quando acreditamos em tudo o que vem de Deus, depois ela nos faz viver tudo o que vem de Deus, e depois nos diz que somos filhos e que pertencemos à família de Deus. Aprenda a escutar e a obedecer a teus pais, e logo saberás o que é obedecer aquele que não se vê com os olhos, mas com o espírito da fé". A criança perguntou: "O que é vocação?" São Francisco lhe respondeu: "É o encontro de duas liberdades.

Deus, por sua livre-escolha, convida alguém a viver uma vocação, mas não a obriga. Porém espera pacientemente sua resposta. Fazendo uso de sua liberdade ela poderá dizer sim ou não. São duas liberdades como asas, dando condição ao homem de se tornar um ser alado e voar para junto de Deus". Então aquela criança perguntou a São Francisco se ela podia ser daquele jeito, e teve esta resposta: "Lembra-te, amada criança, que para Deus nada é impossível".

A festa do pão

"Francisco! Francisco!", grita Irmão Antero. "Francisco, preciso de teus conselhos". São Francisco estava em uma relva nos arredores de Campo San Pietro. Sentado em meio às flores do campo, olhava o horizonte, deixando sua alma mergulhar nas belezas que Deus criou. "Amado irmão, te escutarei até o fim e juntos aprenderemos com a sabedoria de Deus à luz do Espírito Santo". Disse-lhe o irmão: "Francisco, preciso sair dessas crises que me atormentam. Não sei mais o que é amar, não tenho ideia de que tipo de bondade devo fazer na vida do próximo. Já fiz tanto, que minha alma não suporta mais o desprezo daqueles que não agradecem, e por fim fazem críticas ferrenhas àquilo que fiz de coração. Será que não entendem quanto de tempo gastei e quanta dedicação tive para realizar todas essas coisas? Acredito que o ser humano não merece mais os bens que tenho a oferecer". Então São Francisco tomou a palavra: "Irmão Antero, compreendo os conflitos que afligem tua alma e que buscas ajuda. Teu coração é bom, mas não podemos negar que a decepção nos acompanha. Sentado aqui me veio a passagem do leproso Naamã, o sírio que não queria entrar na água do Rio Jordão, alegando ter em sua terra rios de águas melhores do que aquela. Mas ele foi aconselhado pelo oráculo do Senhor: 'Se fosse algo impossível te empenharias em fazer, mas para uma coisa tão simples colocaste tamanho empecilho'. O Senhor te mandou amar as pessoas, e agora, por teres suportado tantas e tamanhas provações, perdoar seria tão pequeno para ti? Aconselho que faças o mesmo que o Naamã, pois provarás que o ato de perdoar o próximo invadirá tua alma, deixando a perfeita alegria te contagiar". Irmão Antero escutou, mas não aceitou. Manteve-se em silêncio por não entender que tipo de ajuda São Francisco tinha lhe oferecido. Depois de dois meses em jejum e oração, Irmão Antero se deu conta de que precisava desabafar, dizer tudo o que se encontrava em seu coração. As palavras vinham com força a ponto de demonstrar raiva pelas provas vindas de Deus. Reclamou muito do desprezo dos homens; batendo com a mão na testa, não compreendia por que deveria ser assim; franzia a testa de raiva, expondo os dentes. Quando se deu conta, havia explodido de ira e se assustou: "Meu Deus, quem sou eu? Havia me esquecido de voltar ao meu verdadeiro ser. Abandonei a casa do amor e fui para terras estrangeiras. Isso não pertence a mim. Perdão, Deus! Esta não é minha verdadeira natureza, pois perdi o brilho da vida e dei lugar ao ódio. Eu nasci para amar e preciso compreender mais do que ser compreendido. Senhor, o que estás fazendo em minha alma? Estou sentido alegria. Retornaram as boas lembranças, meu Deus! Esta sensação está tomando todo o meu ser, Senhor! Eu quero sorrir. Há pouco tempo estava com o coração transtornado, mas agora não, pois me sinto leve e flutuando, Senhor! Louvo e agradeço-te por este bem ter entrado em minha alma. A angústia saiu pelas portas do fundo. Amém! Aleluia! Por aquele que me libertou. O Senhor reina com seu braço forte.

São Francisco precisa saber disso". Irmão Antero saiu à sua procura, percorrendo todo o convento de Campo San Pietro. Quando chegou à cozinha encontrou São Francisco com um pedaço de pão e água, e lhe disse: "Irmão, sente-se e vamos festejar, pois acabas de sentir na alma a perfeita alegria em Deus". Irmão Antero lhe perguntou: "Como sabes dessas coisas? Já era esperado em tua alma?" Respondeu São Francisco: "O Espírito de Deus é quem nos ilumina. Naamã, ao corresponder ao oráculo do Senhor, libertou-se de sua lepra, e estendeu louvores a Deus, reconhecendo ser seu único Senhor. Depois do milagre ele encontrou sua própria fé, descobriu sob a luz de Deus seu verdadeiro ser. Agora coma, pois precisamos nos alegrar porque mais uma ovelha perdida foi encontrada. Partiram o pão entre e comeram em clima de festa".

Ao nosso lado sempre está o Pai

São Francisco, caminhando pelo bosque no Monte Subásio e apreciando as belas paisagens formadas pela natureza, encontrou-se com um grupo de jovens que tocava violão e cantava lindas músicas populares. Logo, os ouvidos de São Francisco levaram alegria ao seu coração. Quando São Francisco se deu conta, já estava no meio dos jovens dançando e se divertindo. Pulava e cantava com gosto. Assumiu para si que aquele momento era um presente vindo de Deus. Ele encontrou aqueles jovens quando seu coração assumia a paz através dos olhos, mas naquele momento a paz invadida esquentou o seu coração de forma inesperada. Depois todos se sentaram ao redor de São Francisco, tendo início uma jornada de perguntas e respostas.

Jovens: "Francisco, não entendemos como deixaste tudo por uma vida de pobreza".

São Francisco: "Filhos amados por Deus! Aqui está minha livre-escolha: Ele, o bom Senhor, me fez a seguinte proposta: "Se quiseres, toma a tua cruz e siga-me".

Jovens: "Até certo ponto é fácil entender a proposta de Deus para ti. Porém, escolher a pobreza como vida? Alguns dizem que casaste com ela. Isso corresponde à verdade?"

São Francisco: "Agora que tenho um tesouro no céu não o troco por nada. Viver na ganância do mundo desejando mais e sentindo um prazer tão momentâneo, realmente essa não seria a alegria divina. A ilusão que dominava meu coração sonhando em ser mais do que os outros encontrou com a verdade que é o próprio Cristo. Quando o meu Senhor apresentou a providência divina decidi largar tudo e segui-lo. Casei-me com essa dama que me faz rico aos olhos de Deus. Tudo o que tenho é dela, e tudo o que ela tem é meu".

Jovens: "E como fazes para proteger-te das dificuldades do dia a dia? Não tens dinheiro? Estás entregue totalmente ao acaso?"

São Francisco: "Tende muita calma neste momento, pois o assunto está tomando novo rumo. Não preciso das coisas do mundo para me dar a sensação de estar protegido. No mundo, todos corremos riscos. Não temos ideia do que irá acontecer conosco a cada segundo. Todo o bem como também todo o mal podem acontecer em nossa vida. Temos de arriscar, mas sabendo que Deus está ao nosso lado nos protegendo. Contarei uma pequena lenda que vos ajudará a compreender. "Certa noite um menino foi levado, de olhos vendados, pelo próprio pai ao cume de uma montanha, e deixado lá para que 'se tornasse homem'. Ele não podia tirar as vendas. Sentia frio, escutava ruídos, mas nada podia fazer, pois aquela era a sua prova. Ao amanhecer, quando tirou a venda, viu seu pai ao lado, que, silenciosamente, o protegia de todos os perigos".

Jovens: "Agora sabemos que Deus está do nosso lado. Encontrar-te foi a vontade de Deus em nos encontrar. Francisco, mais um pouco de música?"

São Francisco: "Podeis tocar, e não vos preocupeis com o silêncio de Deus, pois, com certeza, somos muito mais em seu coração".

A sabedoria do deserto
São Francisco, depois que voltou do Oriente, retomou o posto de superior da Ordem. Estando na Igreja de São Damião para visitar as Damas Pobres (filhas de Santa Clara), viu que elas estavam em um momento de recreação. Irmã Inês lhe pediu para que contasse uma história daquela região: "Irmão Francisco, temos conhecimento da sabedoria do povo árabe. Dize-nos algum conto que alegre nossa alma". São Francisco iniciou: "Diz uma lenda árabe que dois amigos viajavam pelo deserto quando, bastante cansados, um agrediu o outro. O que fora agredido, sem nada dizer, pegou o seu cajado e escreveu na areia: 'Hoje meu melhor amigo me jogou ao chão'. Passado algum tempo, seguindo viagem, chegaram a um oásis. Enquanto se banhavam, o amigo que fora vítima começou a se afogar. O outro nadou em sua direção e o trouxe à margem, são e salvo. Então o amigo resgatado escreveu em uma pedra, cercada de vegetação: 'Hoje o meu melhor amigo salvou a minha vida'. O outro lhe perguntou: 'Por que, quando foste agredido, escreveste teu sentimento na areia, e quando foi salvo escreveste na pedra'? O outro lhe respondeu, sorrindo: 'Quando um grande amigo nos ofende devemos registrar esse dano na areia, para que o vento do esquecimento e do perdão se encarreguem de apagá-lo. Mas quando um amigo nos faz algo grandioso, devemos registrar esse momento na pedra da memória e do coração, onde vento algum do mundo pode apagar!"

Referências

IACOVELLI, A. *Vie de Saint François d'Assise, epoux de dame pauvreté.* Ed. Francescana, 2000.

LAINATI, C.A. *Saint Claire of Assisi.* Ed. Porziuncola, 2007.

POLIDORO, G. *François d'Assise.* Ed. Porziuncola, 1999.

SPOTO, D. *Francisco de Assis, o santo relutante.* Ed. Bolso, 2010.

Conecte-se conosco:

f facebook.com/editoravozes

◉ @editoravozes

✕ @editora_vozes

▶ youtube.com/editoravozes

◯ +55 24 2233-9033

www.vozes.com.br

Conheça nossas lojas:
www.livrariavozes.com.br

Belo Horizonte – Brasília – Campinas – Cuiabá – Curitiba
Fortaleza – Juiz de Fora – Petrópolis – Recife – São Paulo

EDITORA VOZES LTDA.
Rua Frei Luís, 100 – Centro – Cep 25689-900 – Petrópolis, RJ
Tel.: (24) 2233-9000 – E-mail: vendas@vozes.com.br